Título: REIKI, CAMINHO DO ARCO-ÍRIS
Texto: Clarisse Ferreira
Ilustrações: Simone Jorge Ferreira
Paginação: Ricardo Lapa
Impressão: ACD Print
ISBN: 978-989-9005-89-1
Depósito legal: 495810/22
1.ª Edição: Março 2022

EDIÇÕES MAHATMA
Telm: +351 967 319 952
www.edicoesmahatma.pt
Email: edicoesmahatma@mail.com
Facebook: MahatmaEditora

Clarisse Ferreira

REIKI

CAMINHO DO ARCO-ÍRIS

expansão, amor e cura

Como viver de forma leve, alegre e saudável

Clarisse Ferreira
www.clarisseferreira.com.br
+ 55 (81) 98126-7788
Informações/cursos/atendimentos
Visite o site

Como viver de de forma leve,
alegre e saudável

ÍNDICE

PREFÁCIO

A Clarisse Ferreira é uma daquelas pessoas que chega à nossa vida como uma brisa suave: surge tranquila e serena, entrando de mansinho. Aos poucos, mostra-nos que de brisa nada tem pois na verdade é ela mais como um lago. Um lago límpido, com ondas profundas. De repente uma gargalhada, de repente um abraço caloroso ... de repente ela muda tudo.

A Clarisse chegou um dia à minha vida para fazer um curso de Reiki: que ela já conhecia de outras paragens, de outras experiências. Atenta, aplicada, fomo-nos aproximando nos espaços de convívio: conversámos, trocámos experiências, comparámos termos e expressões. Eu angolana com muitos anos de Brasil, a Clarisse portuguesa. E a empatia inicial foi crescendo e construindo laços.

Ela é daqueles seres que recebe o que a Vida lhe traz de braços abertos, e vai trabalhando e acrescendo detalhes da sua própria visão, engrandecendo o que recebeu.
Nas minhas experiências de vida, busquei sempre encontrar-me para poder descobrir-me e encontrar o outro. Ao criar o Reiki Caminho do Arco-Íris® há cerca de 20 anos, num trajeto de mais de 30 anos, como um veículo de transformação, pude conectar-me com um campo em constante mutação, uma energia intensa e interna: uma estrutura ao mesmo tempo profunda e expansiva, que pôde ser passada a outros com a intenção focada no crescimento através de ferramentas específicas, para que um novo caminho pudesse vir a ser trilhado por cada um deles. E é isso o que me dizem aqueles que abraçam o caminho: antes do Caminho e depois do Caminho.

Quando espalhamos sementes, são elas que definem como desejam expressar a essência que são. Algumas, encontram um solo propício, mas escolhem seguir com o vento. Outras, absorvem tudo o que podem, integram tudo o que trazem, e manifestam-se no propósito do Mar de Possibilidades que é a energia Rei.

A Clarisse é uma destas últimas sementes.

Ela não só entendeu o Caminho, como absorveu o conhecimento e a energia a ela entregues como uma parcela integrante de si mesma. E segue reverberando a entoação cósmica que o Universo nos concedeu, permitindo que ela se expanda por novas trilhas, ladeada de flores que vai plantando por esta Orbe que habitamos, trazendo mais energia, enquanto compartilha o verdadeiro significado do Reiki Caminho do Arco-Íris®.

Que o Caminho que a Clarisse desvenda neste livro, possa servir o propósito para o qual foi criado.

Maria João Sacagami (Majo)
Criadora do Sistema de Reiki Caminho do Arco-Íris®
Psicanalista Integrativa, Psicóloga Transpessoal

AGRADECIMENTOS

Aos meus pais, Amadeu e Lena. Não é fácil encontrar as palavras certas para vos agradecer. Grata pela vida que me deram, e por continuarem sempre a apresentar-me ao amor, através da vossa experiência de vida.

Ao meu marido, companheiro, amigo e pai dos nossos quatro lindos filhos, os nossos maiores presentes. A ti Jorge, a minha profunda gratidão por caminhares ao meu lado.

Aos meus amados filhos Sara, Gonçalo, Simone e Marta. Grata por me proporcionarem sentir na vossa presença um vislumbre do amor incondicional. Uma palavra especial à Simone, pelo belíssimo trabalho refletido nas ilustrações deste livro, como um arco íris que dá vida, brilho e encanto à natureza. É assim que sinto a tua arte nestas páginas.

À Angélica Ayres, minha amiga e professora de Numerologia Pitagórica. Grata por me ter ajudado de forma tão singular a encontrar o meu propósito de vida: as minhas sombras, forças e certezas. O seu carinho, clareza e sabedoria incentivaram-me a dar vida a este projeto.
À Dra. Emília Pinheiro, pela sua confiança ao propor o meu nome para esta "aventura". Grata pelo carinho, amizade e coragem.

À minha amiga Rosário que personifica a mais bela definição de amizade. Grata por estares na minha vida em todos (tantos) os momentos desde 1990, e por teres também abraçado o Reiki Caminho do Arco-Íris, proporcionando a tantas pessoas esse mesmo encontro.

À Helena, pela confiança e incentivo. Foi a tua sinceridade e amorosidade que me deram a coragem para expressar aqui uma parte da minha história.

À minha mentora, professora e mestre Maria João Sacagami, criadora do sistema de Reiki Caminho do Arco Íris e prefaciadora deste livro. Grata por me acolher na sua vida de forma tão amorosa, e por partilhar comigo e com tantas pessoas, a sua paixão em tudo o que faz. Grata pela sua humildade, alegria, simplicidade, sabedoria, conhecimento partilhado, integridade e grandeza de alma, que fazem a diferença no mundo.

Sou profundamente grata a todas as pessoas que confiam no meu trabalho com o Reiki, e a todos os que me acompanham não só nos atendimentos, mas também nas formações.

Aos meus amigos Dra. Ângela e Dr. Marcos, pela total disponibilidade que sempre mostraram para que eu pudesse realizar a grande maioria das formações fora do horário comercial da sua clínica. Foram 9 anos que muito me marcaram, e cada momento vivido nessa "casa" está impresso em mim. Senti-me sempre tão bem recebida por todos. Grata pelo carinho e amizade. Cada um de vós tem um lugar muito especial no meu coração e nas minhas orações.

Às minhas amigas Lidiane e Lúcia. Grata pela oportunidade de, ao vosso lado, partilhar imensos momentos incríveis, não só aquando das formações na vossa clínica, mas por todo o trabalho que levei a cabo nesse espaço, que senti como meu. Grata a todos os funcionários e incríveis profissionais odontológicos que sempre me acolheram tão bem.

A todas as pessoas que confiaram no meu trabalho. Grata pelo carinho, risos, choros, abraços e experiências que naquele nosso espaço me ajudaram a ser uma melhor pessoa.
Aos primeiros mestres de Reiki formados: Ana Paula, Sílvia, Cristiane, Laura, Élcio e Rossane. Grata pela confiança e amorosidade com que receberam o Reiki no vosso coração.

À minha amiga de longa data, Olga. Tenho-te como irmã de coração. Grata pela tua presença na minha vida há mais de 32 anos.

Aos meus queridos amigos Paula e Tozé, que me fazem sentir tão profundamente o verdadeiro significado da palavra amizade. Grata por me proporcionarem a expansão do Reiki Caminho do Arco Íris na Europa, cedendo os espaços para que tal possa acontecer e cuidando com tanto carinho de todos os que querem contactar com esta energia.

Aos mestres de Reiki sob os quais está a minha história e linhagem. Hawayo Takata, Dr Hayashi e o grande mentor de todos nós iniciados no Reiki, sensei Mikao Usui, a minha profunda gratidão por ter entendido e oferecido ao mundo esta percepção e conhecimento da faceta sublime do amor.

Ao Criador de tudo o que existe, visível e invisível. Pelo amor que é real na sua presença permanentemente em nós. Gratidão profunda pela vida que me foi oferecida para viver aqui neste momento que experiencio. Que eu possa ser merecedora de cada inspiração, através da tomada de consciência de que somos um em Ti. Que cada ser vivo com quem eu estiver, possa sentir em mim um pouco de Ti.

UMA MENSAGEM MUITO ESPECIAL

O Reiki entrou na minha vida exatamente na mesma altura em que surgiu na vida da Clarisse: corria o ano de 1990 em Pombal. Tal como aconteceu com a Clarisse, também me pareceu algo extremamente interessante, mas muito complexo de praticar. E, deixei que este assunto ficasse adormecido.

Acordou novamente, quando a Clarisse me convenceu a fazer os seus cursos em 2017. Logo no primeiro, tive o privilégio de sentir a diferença, e pude entender uma forma prática de aplicar a Energia Universal tanto em mim como nas atividades quotidianas.

São muitos os casos com resultados práticos e claramente visíveis da aplicação desta Energia em mim e, sobretudo no dia-a-dia da minha atividade. Todos os dias antes de entrar ao serviço faço a minha autoaplicação e convoco a Energia Reiki, aplicando as chaves (símbolos) para as atividades do turno e de todos os envolvidos. Se por algum motivo não o faço, logo os resultados também aparecem, com um turno mais conturbado e com mais desafios. Acompanhando de perto o trabalho, da minha mestre (esposa e amada companheira) não poderia deixar de ressaltar a paixão e entusiasmo da Clarisse para com o Reiki. Sempre aprendendo, estudando, e procurando de todas as formas conhecer e entender melhor os mistérios da poderosa Energia Universal que tudo permeia e que de todos e para todos emana.

De uma dedicação única para com todas as pessoas envolvidas, não importa a hora ou local, sempre aberta e pronta a dar o seu apoio, encorajamento e ensinamento.

Gratidão por tudo, a todos e para sempre.

Jorge Ferreira

NOTA DE AUTOR

Quem nunca teve aquela sensação de precisar fazer algo para se sentir bem com a sua voz interior?

Foi o que me propus fazer nestas páginas, após escutar durante cerca de 10 anos, centenas de pessoas a falarem com receio, desconfiança e medo do Reiki.

Uma visão e sentimento que para elas é real, mas que não condiz em nada com o meu e muito menos com as experiências que vivo diariamente através desta força energética.

Este livro foi o impulso que precisava, para partilhar a minha história de vida através do Reiki, nomeadamente Reiki Caminho do Arco-Íris.

Também tive dúvidas, receios e inseguranças que a cada dia se dissipam mais e mais através das experiências que vivo.

Venha comigo conhecer esta energia amorosa.

Clarisse Ferreira

INTRODUÇÃO

Este é um livro que se destina a toda a humanidade!

A todos os que se sentem conectados com algo maior, através de uma força inexplicável que nos transcende, que vibra por nós, em nós e através de nós, de forma consciente ou inconsciente. Essa força, a que chamamos Deus, Pai/Mãe, Universo, Criador, Luz Universal, Energia Cósmica, existe, pois sentimo-la como a nossa verdade mais profunda. Somos parte dela e ela é tudo o que é real em nós.

Somos pequenas centelhas Divinas, carregamos toda a plenitude, todo o amor, toda a beleza e perfeição da fonte inesgotável, infinita e ilimitada que é o todo imensurável. Estou certa de que o Reiki é uma das dádivas mais amorosas que nos foi apresentada, uma das imensas formas de manifestar essa plenitude no mundo em que vivemos, através da possibilidade de modificar e transformar "o meu mundo" e "o mundo à minha volta". Este livro destina-se a todos os que buscam ser instrumento, inspiração, exemplo. A todos os que sabem que precisam de estar bem em todos os sentidos da plenitude da vida, e podendo assim transbordar para quem estiver ao seu lado, na sua casa, no seu trabalho, no seu círculo de amigos, na sua família e nos seus relacionamentos. Transbordamos também para o coletivo maior e para o planeta, sempre que vibramos alegria, saúde, compaixão, leveza, paz, serenidade, amor, perdão, zanga, ódio, inveja, raiva e ciúme, carência, escassez, medo e dor.

E tu, o que escolhes?

Que possamos ler juntos, partilhar e inspirar as nossas mentes juntas, pois já disse Jesus: "Quando dois ou mais se reunirem em meu nome, eu estarei no meio deles."

Para ti, para mim, para nós

O momento que estamos a viver é um presente pois é o único momento que realmente temos, e é também o único em que temos poder. Apenas no presente temos a capacidade de manifestar esse poder. Só no momento "agora" está o poder de controlar a vida, em mais nenhum outro. Só este momento na verdade é real. Não importa o que aconteceu há poucos minutos, ontem, a semana passada o ano passado, pois isso não existe mais, logo, não é mais real, portanto, **não te apegues nem ao passado nem ao futuro.** Podes sim, "agora" neste momento, mudar a forma como sentes e revives cada memória através do Reiki ou de outras terapias, mas mesmo esse processo, só é possível no presente.

Podes iniciar ou renovar e reacender o Reiki neste momento se essa for a tua escolha. Neste preciso momento tens esse poder. Esse poder não está no ontem nem no amanhã. Está no "agora".

Viver de forma leve, alegre e plena, talvez não seja tão difícil nem tão utópico como pensamos. Talvez seja só um "ligeiro desvio" baseado em pequenas decisões assumidas de forma consciente e praticadas com constância e determinação. Não precisas de dizer a ninguém. Decide isso secretamente de ti para ti. Sente o Amor divino que te ampara, abraça, aquece e te mostra que sempre esteve e estará presente. A mudança é individual, única, íntima, profunda e bela. Muito bela.

Se tu quiseres, o Reiki pode ser o veículo através do qual esse caminho de volta a ti pode ser leve, alegre, consciente e saudável.

Eu acredito! Procuro viver dessa forma o meu dia-a-dia, as minhas mudanças e decisões profundas. Acredito que somos amados de uma forma que jamais iremos entender. Mas a verdade é que não é preciso entender. Sentir é suficiente.

SUSSURROS DA ALMA

Nos últimos anos, tenho vindo a sentir mais intensamente um desejo de escrever. Como se fosse uma necessidade. É algo que não sei explicar. Que sentimento é este? Tem sido uma espécie de impulso, que me leva a partilhar convosco a forma como o Reiki me tem vindo a burilar, abrindo-me novas formas de ver a vida ou, melhor, **de viver plenamente cada momento da vida.**

Determinada a começar mas sem saber bem como, fui levada pelo impulso de entrar numa livraria e comprar um livro sobre "como escrever". Confesso que abri o livro, mas não li nada. Ainda padeço dessa dualidade que ora me mostra confiança ora me mostra medo, e é incrível como estas duas energias se debatem. Talvez seja o medo do julgamento ou a não aceitação do que eu quero partilhar. Por outro lado, a confiança de que posso inspirar tantas pessoas com a minha experiência, dá-me coragem.

Acasos, existem? Não creio!

Escreve o quê? Sobre quê?

"Partilha o que fazes. Partilha o que vives. Partilha o que sentes".

Este é o sussurro "ao ouvido" que me acompanha nos últimos anos.

Acredito que nada nem ninguém surge na nossa vida por acaso. Uma ocasião recebi uma mensagem da minha grande amiga Rosário que comigo partilhou o facto de ter sido convidada para escrever o prefácio do último livro da Dra. Emília Pinheiro sobre Nutrigenética. Fiquei tão feliz pela Rosário, e genuinamente vibrei de alegria por ela. O que eu não sabia nessa altura, é que o "pior" estava por acontecer.

Dias mais tarde, a minha amiga Rosário Ferreirinho, perguntou-me se eu teria interesse em conversar com a responsável pelas Edições Mahatma. Respondi que sim, mas senti um friozinho na barriga. Parece que estava a adivinhar o que ía acontecer.

Quando o contacto com a Helena aconteceu, uma voz meiga, serena e educada apresentou-se e perguntou-me se eu teria interesse em escrever um livro que falasse da minha vivência com o Reiki Caminho do Arco Íris. A Helena tinha visto algumas postagens minhas e gostava de editar esta obra.

Eu não queria acreditar no que me estava a acontecer. Vários sentimentos tomaram conta do mim. Alegria, medo, responsabilidade, felicidade. Mesmo assim aceitei o desfio.

E agora? Como vou fazer? O que vou escrever? Neste turbilhão de emoções, senti um oásis de calma quando a Helena me disse com a sua voz tranquila: "Escreve o que te vai na alma".

Foi esta frase que mais força me deu para abraçar esta aventura.

"Escreve o que te vai na alma".

É só isso que eu sei fazer. Nem conseguiria de outro modo. E aqui estou! Como os dedos no teclado. Sem saber por onde começar, tantas são as ideias que neste momento tomam conta de mim.

NATURALMENTE CURIOSA

Sempre quis saber o porquê das coisas. Sou curiosa por natureza como a criança que quer saber e pergunta quantas vezes forem necessárias: porquê?

Acredito na perfeição de tudo o que rege o Universo: as estrelas, planetas, luas, galáxias. Acredito nas leis universais que orientam o equilíbrio de tudo o que existe. Verdades universais imutáveis que apesar de invisíveis sabemos existirem pois podemos senti-las. Verdades que não se explicam com palavras ou fórmulas. Acima de tudo vivemo-las e experienciamo-las. Elas são a realidade de tudo.
O invisível sempre me encantou. A capacidade que algumas pessoas têm de entender e sentir o que é mais sutil, é algo que realmente me fascina. Sempre me senti próxima desses movimentos invisíveis embora nunca tivesse visto nada de especial como cores, auras ou imagens. Sinto de forma real esses movimentos no ambiente e nos espaços por onde passo, mas não vejo nem escuto vozes ou sons.

Para mim é quase impossível decifrar ou descrever algo tão sublime e profundo como a energia que movimenta o Reiki.

A minha busca por algo maior

Fui educada numa família católica. Sou a mais velha de três filhos. Os meus pais sempre foram não só praticantes, mas fiéis professores. Fiz toda a catequese e participava ativamente das missas, procissões, peditórios, leituras, canto e escutismo. Lembro-me muito bem, quando tinha 10/11 anos de dormir em casa da minha avó paterna que morava em frente da minha, e ir à missa com ela de madrugada. Íamos a pé (ainda era noite) e eu achava aquilo “o máximo”. Regra geral estavam poucas pessoas na igreja, e as que estavam eram na sua maioria idosas. Mas eu até gostava de ser a única criança. Percebia que todos estavam de joelhos muito concentrados nas suas orações e eu fazia uns barulhos com a boca fingindo que também estava a rezar.

Certa altura fui convidada para tocar órgão nas missas de domingo. Vivenciei de perto todo o movimento da igreja católica na minha paróquia e isso foi muito intenso e belo.

Acima de tudo, foram momentos extraordinários que me proporcionaram estar com os amigos. Foi neste contexto que as minhas crenças foram tomando corpo.

O DESPERTAR COMEÇOU...

A busca por entender o porquê de estarmos aqui percebendo se existe um propósito para a vida, começou de forma mais consciente e natural em 1990. Senti necessidade de respostas e comecei a procurar onde é que poderia encontrá-las.

Acredito que algo idêntico também já aconteceu contigo. Somos todos buscadores e no nosso íntimo sabemos que esse poder está em nós. Sempre esteve. Só não sabemos ou temos medo de o usar.

Em 1990, numas jornadas que aconteceram no Porto com o padre Lauro Trevisan aconteceu o que eu procurava. O que escutei e vivi naquele fim-de-semana, foi algo que me fez todo o sentido no que diz respeito à forma de entender o poder pessoal que existe em nós: o poder do Criador ou Deus em nós, através de nós e por nós.

A partir deste fim-de-semana, a forma de ver a vida transformou-se.

Transformou-se tudo o que me tinham ensinado sobre a força divina, Deus, sobre amor e castigo. Despertaram em mim um conhecimento e uma forma de viver que no fundo eu já vivenciava, mas não de maneira consciente.

Comecei a entender que espiritualidade nem sempre caminha de mãos dadas com religiosidade, embora isso possa acontecer.

Eu e o meu marido, começámos a experienciar e a entender esse poder imenso que existe em nós. Em 2004 frequentámos um seminário que deu uma volta de 180 graus no nosso entendimento acerca das relações humanas familiares e pessoais.

Pietro Doss: um ser humano pleno de simplicidade, humildade e amorosidade.

Entendi o Amor e as relações humanas como nunca tinha entendido até então.

Entendi a orgânica através da qual esse sentimento flui e se expressa em nós e entre nós no nosso quotidiano.

Passei a integrar esse movimento na nossa vida familiar e profissional. Aquela sede de conhecimento de que já falei, a curiosidade pelo novo e a paixão pela vida e pelas pessoas, deram um novo sentido sobretudo ao meu trabalho e aos relacionamentos com amigos e familiares.

UM GRANDE DESEJO

Foi durante uma longa conversa com uma amiga, em que falámos sobre a vida, família, projetos, sonhos e todos esses assuntos tão bons de conversar com amigos que nos conhecem de longos anos que me vi confrontada com uma pergunta inesperada: A minha amiga questionou-me: Porque é que não escreves um livro?

Eu dei uma boa gargalhada! Nunca na minha vida havia pensado nisso. Só podia ser uma piada. Eu?

Olhei para ela com cara de espanto. Amo ler, sem dúvida. Mas daí a escrever um livro vai uma grande distância. A conversa continuou, mas aquela "sugestão" ficou na minha mente ainda por algum tempo. Por que teria ela tido aquela ideia?

É verdade que sempre gostei e admirei a forma como os autores colocam nas palavras tanta emoção, sabedoria e imaginação e expressão. Eu jamais conseguiria fazer algo assim. E se eu realmente escrevesse, qual seria o contexto, o tema, o assunto? Afinal de contas, quem sou eu para escrever o que quer que seja num livro?

As minhas maiores paixões são a música e as pessoas. Sou realmente apaixonada pelo ser humano. Sobretudo as pessoas com mais idade e os adolescentes. E nunca me preocupei em perceber o porquê.

Tive o privilégio de cuidar de algumas pessoas idosas de variadas classes sociais, desde as mais abastadas até às abandonadas nos hospitais pelas suas famílias.

As minhas maiores formações têm sido a vida. Sou uma estudiosa e autodidata. Amo aprender, amo desafios, amo aprofundar e entender o que aprendo de forma a que tudo faça sentido. Como já disse, sou tremendamente curiosa.

A vida, sem dúvida, é uma excelente professora. E eu sou uma eterna aprendiz e autodidata. Quantos de nós já pensámos o quanto gostaríamos de saber o que sabemos hoje quando éramos mais jovens?

Mas o tempo passou...

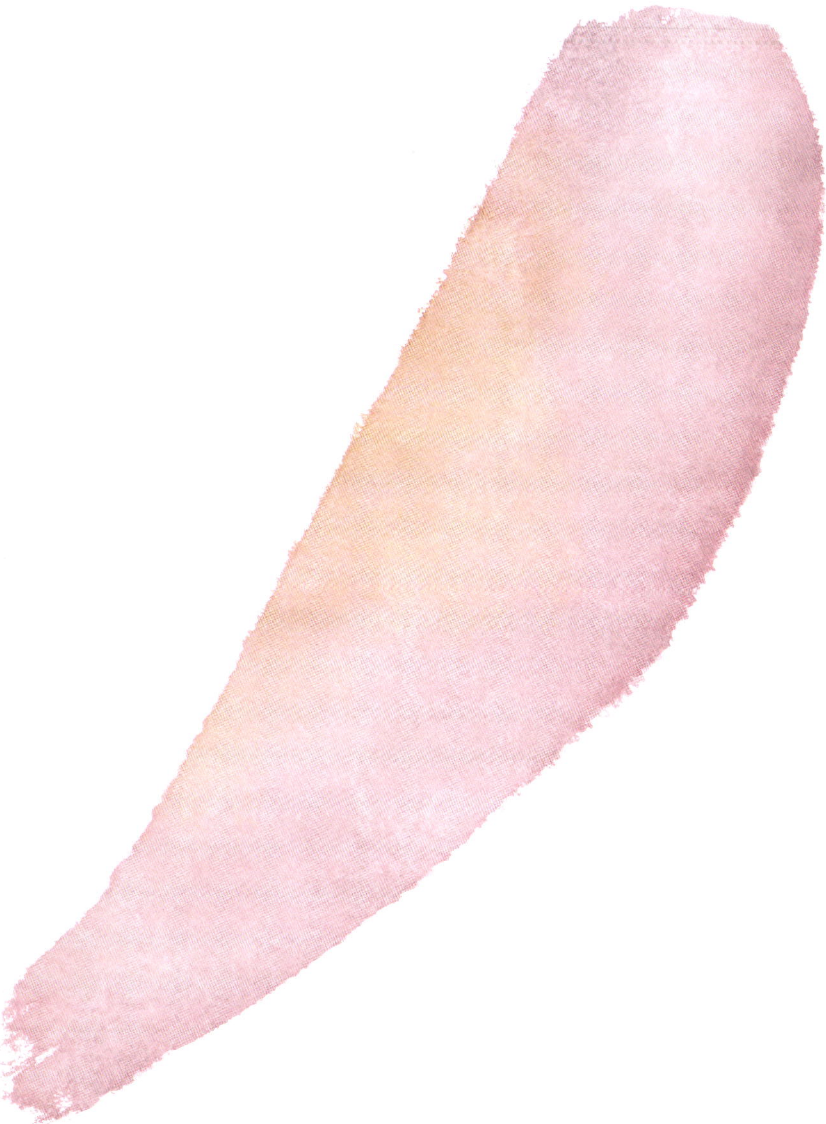

Convite

Convido-te a caminhares comigo nesta viagem pois acredito que ficarás encantado, não com a minha história, mas com o Reiki que faz parte dela.

No meu caso concreto trata-se do Reiki Caminho do Arco-Íris.

Escrever o que nos vai na alma parece fácil. Mas não é. Encontrar as palavras certas que definam sentimentos é realmente uma árdua tarefa: colocar em palavras tudo o que carrego no mais profundo do meu ser, sobre esta energia chamada Reiki.

Como é que eu sinto, vivo, vejo, trabalho e ensino Reiki?
Nem todas as pessoas percepcionam a realidade da mesma forma e é essa diversidade que nos enriquece.

Tudo o que aqui partilho é da minha inteira responsabilidade. Trata-se da forma como as minhas emoções se têm relacionado com o trabalho intenso que tenho diariamente ao longo dos últimos 10 anos enquanto terapeuta no atendimento de milhares de pessoas, com Reiki de forma presencial e à distância, é também através doas formações e workshops que facilito em diversos países.

Preciso de partilhar as experiências que hoje me fazem acreditar que o que é realmente verdadeiro e real é inexplicável.

COMEÇAR A FALAR DE REIKI

Este livro não pretende ser mais um. Pretende antes, ser uma partilha profunda do meu caminho nesta energia cósmica por vezes mal-entendida e nem sempre compreendida.

Para mim é tão apaixonante falar de Reiki.

Se tudo o que existe é energia e, dependendo da sua vibração, se manifesta de infinitas formas, então, não fará essa energia parte dessa manifestação?

Coloque agora a questão de outra forma: Se tudo o que existe foi criado pela força do Amor, não fará também o Reiki parte desse Amor?

É com alegria que cada vez mais, ouço falar de Reiki e é fundamental que se dê a conhecer tudo o que ficou disponível na história de 100 anos desde que Mikao Usui foi profundamente imbuído através desta força transformadora e profunda a que deu o nome de Reiki.

Sentindo essa necessidade de resgatar as verdadeiras raízes desta força e de as partilhar com o mundo, alguns mestres professores de Reiki (Willian Rand, Frank Arjava Petter, Walter Lubeck, Mark Hosak, Johnny De'Carli, João Magalhães) têm-nos presenteado com os resultados das suas cuidadas pesquisas, oferecendo ao mundo cada vez mais certezas acerca da história de vida de Mikao Usui e da forma como ele ensinou, vivenciou e deixou o legado do Reiki aos seus alunos e seguidores.

Sou tão grata a todos estes seres que através do seu trabalho de amor ao Reiki oferecem ao mundo as provas físicas que trazem maior segurança, particularmente aos mais cépticos.

Mikao Usui nasceu a 15 de agosto de 1865 na província de Gifu-Fukuiama e faleceu a 9 de março de 1926. Vivenciou e ensinou o Reiki durante muito pouco tempo. Quatro anos foram o suficiente para que hoje esta energia de amor seja conhecida, trabalhada, aplicada e partilhada em todo o mundo.

REIKI PELA PRIMEIRA VEZ

Trabalhei como diretora de vendas e marketing em Portugal, Brasil e França durante quase 18 anos.

O Reiki chegou até mim pela primeira vez depois de uma reunião de trabalho em Évora. Um dos nossos líderes nessa cidade, Armando Santos (que já não está mais fisicamente connosco) acercou-se de mim depois de eu ter terminado a minha intervenção, dizendo-me carinhosamente: "Clarisse, estava a ouvi-la e imagino-a como uma mestre de Reiki".

Eu olhei para ele com uma cara de espanto. Estava rodeada de pessoas.
Perguntei-lhe com grande espanto:
"O quê Sr Armando Santos? Como? O quê?"
Ele repetiu: "como um mestre de Reiki".
Questionei-o: "Reiki? Isso é o quê?"

Ele explicou-me em traços gerais em que consistia o Reiki.

Foi o suficiente para despertar em mim a curiosidade de querer saber mais. Como disse no início, sou curiosa por natureza e tenho sede de aprender e conhecer coisas novas.
Naquele dia, em Évora, depois de todos terem saído da sala do hotel onde decorreu a minha intervenção, quis saber mais sobre "aquilo" que o Sr Armando Santos me falara e cujo nome eu já nem me lembrava. Ele repetiu: Reiki.

Escutei com atenção o que ele explicou. Gostei e achei que seria interessante conhecer. O Sr. Armando Santos disse-me que iria estar em Pombal daí a dois meses facilitando uma formação de primeiro nível e que se eu quisesse poderia participar. Olhei essa data na agenda e constatei que ainda não tinha nada marcado nesse fim-de-semana. Confirmei a minha presença. Era um sábado. O dia inteiro.

PRIMEIRO NÍVEL DE REIKI TRADICIONAL USUI

Chegou o dia da formação. Lembro-me que estava "para lá" de curiosa. Afinal em que consistia esse tal de Reiki? Cheguei cedo, como é meu hábito. O Sr. Armando Santos já estava à nossa espera. Éramos 5 pessoas.

Não me recordo de tudo o que foi ensinado, mas alguns momentos marcaram-me muito. Num determinado momento cada um de nós ía sozinho para outra sala onde já estava o mestre. Ficávamos de frente para o mestre que nos convidava a fechar os olhos. Quando chegou a minha vez, foi o que fiz.

Não sei o que estava a acontecer. Só sei que sentia algo que me percorria o corpo e me puxava para o centro da terra. Sentia todo o meu corpo como que sugado. Mexi um pouco os pés para ter a certeza de que "tudo estava normal". Não era uma sensação desagradável, pelo contrário, era bem tranquila. Uns sopros fortes surgiam de várias direções.

Num determinado momento abri os olhos, e vi o meu mestre à minha frente, com as suas mãos colocadas em cima das minhas, que estavam viradas para cima.

Senti um calor imenso por entre as nossas mãos, como se fosse uma bola de fogo invisível. Eu não o sabia, mas ali, fiz a minha iniciação no Reiki.

Depois do almoço o entusiasmo era grande, e o caso não era para menos, pois era chegado o momento da prática. Aprendemos a praticar uns nos outros, enquanto um ficava deitado a receber, os outros praticavam. A aplicação durava cerca de uma hora.

A primeira aplicação foi emocionante, mas depois, o cansaço das pernas e costas depois de três horas parada a aplicar começou a desgastar-me e o encantamento "decresceu". Eu não via a hora de chegar a minha vez para me deitar na maca e receber energia. Na verdade, eu só queria deitar-me e descansar as pernas cansadas.

ESQUECI O REIKI

Depois da formação foram-nos sugeridas algumas orientações.

Autoaplicação pessoal durante 21 dias seguidos. Este processo deveria ser feito no decorrer dos 21 dias após a formação, e, se acaso falhássemos a autoaplicação um dia que fosse, teríamos de fazer todo o processo desde o início.

Esta autoaplicação deveria respeitar as posições aprendidas: 14 posições que percorriam o corpo inteiro. Levava no mínimo uma hora. Poderia ser feita de manhã ou à noite.

Eu queria fazer tudo como me fora aconselhado e dediquei-me ao máximo nos primeiros dias. No quarto dia comecei a diminuir o tempo de aplicação e por vezes adormecia a meio. No oitavo dia, não consegui fazer mais do que uns minutos e acabei por não terminar os 21 dias seguidos. Teria de iniciar tudo de novo para poder fazer os 21 dias seguidos. Escusado será dizer que não o fiz. Como não podia aplicar Reiki a ninguém (não fiz os 21 dias seguidos de autoaplicação) desmotivei-me.

Sempre que ía a Évora dar apoio aos nossos líderes/coordenadores via o Sr. Armando Santos com a sua tranquilidade colocar a mão no peito ou no plexo solar. Inicialmente não entendia porque é que ele fazia aquilo. Pensava que poderia ser normal. Só mais tarde (já como mestre de Reiki) é que entendi que ele estava sempre a trabalhar a sua autoaplicação. Não importava onde estivesse ou com quem estivesse, ele tinha esse cuidado amoroso, essa relação profunda com o Reiki que hoje eu entendo e sigo. Lembro-me muitas vezes dele. Passei também a entender porque é que ele me disse que me via como um mestre de Reiki. O meu trabalho tinha a ver com vendas. Ensinar, motivar, estimular, inspirar, despertar cada um para se transformar num ser humano melhor, através do seu trabalho era o meu foco. Faço como gostaria de receber, ajudando o outro a conseguir o que sonha e deseja, desta forma ajudo-me também a mim. Esta sempre foi e continua a ser a forma como vivo. Amo o ser humano como já disse anteriormente.

MOMENTO DE DESPERTAR

Depois de ter concluído ter concluído a formação do primeiro nível de Reiki Usui Tradicional em Portugal (Pombal) fiquei muito animada nos primeiros dias. Nessa altura tinha uma agenda muito cheia por entre as responsabilidades de família, escolas e atividades dos filhos, reuniões e formações quase diariamente no país inteiro. A vontade de praticar a minha auto-aplicação era grande, e, apesar do cansaço, procurei fazer o que me tinha sido ensinado: praticar e aplicar durante uma hora por dia, às vezes um pouco mais. No primeiro nível, não podemos fazer a outros, o processo é individual, então, aos poucos, fui desanimando, até que deixei de praticar e de pensar no Reiki.

E assim o Reiki ficou adormecido durante 10 anos.

Tal como eu, sei que muitas outras pessoas também foram iniciadas no Reiki e hoje o têm adormecido, exatamente como aconteceu comigo.

Quero dizer-te que está na hora de despertar novamente esse poder que existe em ti

Mais do que nunca precisamos agir. O mundo precisa da nossa coragem e responsabilidade. A força do Amor manifestada através desta energia, está em cada um de nós, desde a iniciação, momento a partir do qual o Reiki passou a reverberar em ti e através de ti, como um canal ativo. Desta forma amorosa e através dele, podes agir com responsabilidade na mudança individual e, através do teu exemplo, na mudança à tua volta.

Quando sentes uma vontade profunda ou um impulso para fazeres algo, isso é a alma que carinhosamente te sopra e sussurra pedindo-te que a escutes.

Usar habilidades, talentos e capacidades únicas ao serviço de algo superior, é o melhor que podemos fazer para encontrar a **plenitude**. Saber que estamos a curar em nós feridas, dores, medos, traumas, inseguranças e bloqueios, leva-nos a agir transbordando para o coletivo e não apenas para o bem-estar individual.

Acredito que estamos todos intimamente ligados pelo Amor, e ao colocarmos esses dons, talentos e capacidades na prática é a melhor forma de manifestar a cura em nós e à nossa volta.

Estamos todos unidos numa teia entrelaçada de milhões de forças. Não vivemos separados uns dos outros, em casulos individuais. Se eu entender isto, não terei dificuldade em escolher e vigiar os meus hábitos e escolhas. Reciclar, gastar água de forma consciente, comer o que realmente necessito, cuidar do corpo físico, emocional, mental e espiritual. Tudo o que na teoria, sabemos ser o certo.

O grande segredo é que o Reiki faz parte de tudo isto!

Se ainda não conheces o Reiki (ou só ouviste falar) deixo-te um desafio: não tenhas receio. Procura um mestre que te dê a conhecer esta energia. Se quiseres também podes conversar comigo. Está na hora de assumir que somos muito mais que meros seres físicos que passam os dias entres afazeres da casa, trânsito, transportes públicos, trabalho, mergulhados em stress, um pouco de lazer e muito pouco descanso. As nossas histórias e desafios, superações e conquistas podem ser muito importantes para quem também está no processo de transformação. Quem sabe, ao conhecer as minhas experiências e exemplos, alguns de vós que estão neste momento comigo, conseguem ultrapassar de forma mais tranquila as dúvidas e medos que têm pela frente e que certamente também fizeram parte do meu percurso.

Sinto-me privilegiada por conhecer seres humanos incríveis que querem saber mais sobre Reiki e que o escolhem fazer através de mim. Não importa a idade, crença religiosa ou profissão. Tenho pais que se iniciaram no Reiki e que também trazem os seus filhos, alguns são crianças ainda bem pequeninas com cinco, seis, sete, oito anos, outros já são adolescentes que também querem usar as suas mãos para se cuidarem e aos seus amigos e colegas, até adultos de com mais de 80 anos. Homens e mulheres, crianças e adolescentes, casais e famílias inteiras têm vindo a conhecer e a usar nas suas vidas o Reiki. De todos os ramos e atividades profissionais, estudantes, recém-formados, reformados, empresários, funcionários públicos e privados, músicos e artistas, não existe nenhuma limitação.

Reiki é uma experiência

Vivo diariamente a experiência desta energia desde que conheci o Sistema com o qual trabalho. Sei que não é fácil acreditar em algo invisível, mas o facto de não se ver algo com os olhos do plano das formas, não significa que "esse algo" não exista, já que, sendo uma vibração elevada, ela carrega todo o poder do que conhecemos como amor. Assim eu identifico o Reiki: uma forma de amar. Não é necessário acreditar nele para dos seus benefícios poder usufruir. Como descreverias tu a existência do Amor, alegria, dor, tristeza perdão e compaixão?

Reiki é tão subtil e leve.

Trata-se de uma energia inexplicável que nos envolve quando estamos sob o seu efeito, como se estivéssemos envolvidos num manto de suavidade. Sinto os seus efeitos no corpo físico quando algo não está tão bem, uma dor de cabeça ou dor muscular, as pernas mais cansadas e inchadas, quando algo que comi não me fez bem. No campo das emoções faço uso esta energia quando preciso de estar um pouco mais calma e tranquila, ajuda-me muito quando estou ansiosa e preocupada, suaviza-me a dor e o medo. Esta energia não está presente apenas nos seres humanos, mas em todos os seres vivos: nos animais desde o menor dos insetos ao maior animal da floresta. Está presente nos animais marinhos, nas aves, répteis, em todas as plantas, algas e fungos.

Coloco a consciência Reiki nos objetos, em cada presente que ofereço, nos móveis e utensílios de cozinha ou de trabalho, no carro, nas roupas que uso, na água que bebo. Faço Reiki nos alimentos, medicamentos, cremes, temperos. Nos aparelhos elétricos e eletrónicos. Posso colocar a vibração do Reiki no dinheiro que recebo. São imensas as experiências diárias que, não só eu, mas milhares de pessoas têm sempre que recorrem ao Reiki. Tanto nas situações mais banais e comuns como em situações que requerem um pouco mais de consciência e tempo.

Reiki é usado sempre que eu me permitir usá-lo. Está sempre

disponível para que possamos fazer uso dele como uma das facetas do amor. Está sempre presente, mas só se manifesta quando o decidimos manifestar.

REENCONTRO APAIXONANTE: REIKI CAMINHO DO ARCO-ÍRIS

Em 2008 decidimos continuar a nossa vida no Brasil. Chegámos no dia 17 de setembro. Estava grávida da nossa quarta filha. Sou mãe de três meninas e um menino. Os meus maiores tesouros, seres vivos incríveis que tive o privilégio de receber nesta vivência como mãe.

Sou terapeuta, e além de outras técnicas trabalhei durante 9 anos também com massagem.

Em 2013 durante uma sessão de drenagem que fazia a uma moça que hoje é uma amiga, conversávamos sobre a família, os seus pais e o que faziam. Ela contou-me que a mãe também era terapeuta. Trabalhava com radiestesia, mesa radiónica, Reiki e outras terapias. Quando escutei a palavra Reiki, ela ressoou como sininhos que adentraram a minha memória.

Era um nome que não me era desconhecido. Eu nunca mais havia escutado essa palavra. Fiquei curiosa por saber que o Reiki também era conhecido no Brasil. E como se poderia trabalhar com ele? Nunca mais escutara essa palavra. Pedi o contacto e liguei para o número que me tinham passado. Falei pela primeira vez com Maria João Sacagami. Queria saber quando teria lugar a formação de Reiki.

Estava disposta interiormente a reacender o Reiki e não imaginava o que me estava guardado. Inscrevi-me no primeiro nível do Sistema Integrado Reiki Caminho do Arco-Íris. Estava nervosa pois não sabia o que iria encontrar. Como seria a mestre? Entrei na sala. Algumas pessoas conversavam animadamente. Fui recebida com um sorriso contagiante. A mestre era uma mulher não muito alta, com cabelos claros e estava descalça. O ambiente era muito acolhedor e repleto de recordações harmoniosamente colocadas na sala. Eram representações de diversos países.

O sotaque desta mulher não era o de uma brasileira nascida no Brasil, pois tinha uma entoação bem diferente. Tinha sim, um suave sotaque caraterístico de quem traz na bagagem outras vivências. Nascida em Angola, veio para o Brasil aos 20 anos. Agora tudo fazia sentido.

O sotaque e as lembranças, não só de África, mas de muitos outros países por onde já tinha estado. Uma verdadeira guerreira, aventureira, alegre e sonhadora. Mãe de quatro filhos, hoje avó de dois netos. Dona de um currículo invejável, no que diz respeito ao conhecimento humano como um todo, e uma experiência de vida incrível.

Um Ser humano por quem me apaixonei e me fez apaixonar pelo Reiki.

A formação teve início e logo ali me deixei encantar. Experimentei um misto de curiosidade, receio e ansiedade. Era tanta informação incrível, numa linguagem acessível e tão próxima de nós, passada de forma simples e profunda, com um domínio absoluto do que ensinava. Tudo o que dizia me fazia sentido.

Nessa noite, não consegui adormecer. Tinha vontade de mais.

A formação teve lugar numa sexta-feira à noite e seguiu-se o sábado e domingo.

O tempo voava, e eu não queria que a formação terminasse.

Agora sim eu entendi o que era o Reiki e como poderia usá-lo na minha vida: no trabalho, família, nas metas, à distância, nas relações com os outros, nos alimentos, no trânsito, na proteção minha e dos ambientes, nos animais e plantas, enfim, infinitas possibilidades.

Desde esse dia, o Reiki nunca mais deixou a minha vida. Quer na minha auto-aplicação, quer na minha família, casa, trabalho. Definitivamente, o Reiki nunca mais me abandonou. Integrei-o em definitivo em mim.

Tinha agora acesso a tantas ferramentas através das quais podia transformar o meu trabalho num processo completo de ajuda a mim e ao outro, não só através do meu trabalho como massoterapeuta, mas cuidando das pessoas como um todo. Podia usar e aplicar aos outros o Reiki a partir desse fim-de-semana. Nesse mesmo domingo comecei em casa, aplicando ao marido e à filha mais nova a Marta. Na segunda-feira, quando cheguei à clínica onde tinha o meu espaço de atendimento, fiz a limpeza energética do ambiente. A minha auto-aplicação evidenciou-se tão simples e apetecível. E segui cuidando da saúde, e usando o Reiki em casa, no carro, na escola dos filhos, e nas pessoas que atendia. Em todas as situações do dia. Faço-o até hoje.

DEFINIR REIKI

No primeiro nível aprendi que a palavra Reiki era um kanji. Um conjunto de traços que traduz determinado sentido, dividido em dois conjuntos principais de traçados que representam dois conceitos diferentes: Rei e Ki.

Rei significa essência, éter, princípio universal de vida, o todo: energia divina, energia cósmica que tudo permeia.

Ki mais conhecido como Chi na China ou Prana na Índia, é a energia vital que flui em todos os seres vivos.

Vendo desta forma, parece-me demasiadamente redutor. É necessário ver não só a definição do conceito, mas também aquilo que ele realmente representa.

A definição que mais me impactou foi-me indicada nesse fim-de-semana:

REI: Mar onde se encontram as infinitas possibilidades e potencialidades do universo imensurável e inesgotável. Infinitas potencialidades e possibilidades que estão ao nosso dispor.

KI: Mar de infinita nutrição através do qual experienciamos materialmente a vida.

Esta visão do Reiki encerra o entendimento de união, de que tudo faz parte e que temos acesso a toda a forma de nutrição necessária para uma vida plena em todos os níveis: físico, emocional, mental e espiritual, pois é aí que ele age, ou seja, em todos os campos.

Reiki é uma das infinitas energias, que entrelaçam o universo e através da qual e por causa da sua elevada vibração, o nosso corpo físico recebe a capacidade de se equilibrar e restaurar a saúde, física, emocional, mental e espiritual.

Esta energia que permeia o universo, está presente em tudo. A sua vibração é tão elevada que na sua presença os campos são transformados e equilibrados e é por esta razão que, quando o recebemos, sentimos uma sensação de leveza, calma, sono e fisicamente um pouco mais de frio.

Nos muitos livros que circulam no mercado, encontramos uma mão cheia de definições para Reiki.

"Reiki é uma prática terapêutica e uma filosofia de vida assente em cinco princípios";
"Reiki é um método de elevação de consciência e desenvolvimento pessoal, a desintoxicação é a prática terapêutica";
"Reiki é a energia vital que tudo permeia";
"Reiki é a parte integrante do património genético da humanidade";
"Reiki é a antiga arte tibetana de canalizar a energia vital pela imposição de mãos";
"Reiki é a energia fundamental que cria e mantém o universo, sustentando-o";
"Reiki é um sistema de cura pelo toque das mãos de incomparável simplicidade e eficácia";
"Reiki é um método natural que consiste em equilibrar, restaurar, aperfeiçoar e criar todos os corpos, criando um estado de perfeita harmonia".

"Acredito que existe um ser supremo - o infinito absoluto - a força dinâmica que governa o mundo e o universo. Trata-se de um poder espiritual invisível que vibra, e todos os outros poderes se tornam insignificantes ao seu lado. Portanto, é o absoluto! Chamo-lhe "Reiki". Sendo uma força universal do grande espírito divino, pertence a todos os que buscam e querem aprender a arte da cura"

Hawayo Takata

Mikao Usui – Definiu Reiki de várias formas:
"O Reiki conquistará o mundo para curar os seus habitantes e até o próprio planeta"
"Reiki é a arte secreta de convidar a felicidade"

E eu? como o defino?

- Não sei! Não consigo definir Reiki. Quanto mais o conheço e sinto os seus efeitos e ações em mim e à minha volta, mais convicta fico relativamente ao facto de que não existe "uma" definição para Reiki.

DEFINIR REIKI É LIMITAR O REIKI

Concordo com todas as definições atribuídas ao Reiki, algumas delas muito belas. São expressões escritas por variadíssimos autores. Leio-as atentamente, mas, ainda assim, se as juntar todas, muito ficaria a faltar. Embora tenhamos um ilimitado potencial criativo, primamos pela limitação no que diz respeito à expressão dos nossos sentimentos. Assim, colocar algo que é ilimitado como a Energia representada pelo Reiki numa caixa de palavras e conceitos é, para mim, uma missão impossível. Simplesmente, não consigo fazê-lo! Defendo que esta energia não se encerra em nenhum conceito, palavras ou frase. Por muito que procure, faltam palavras. Tantas palavras. Como defines o Amor? Como defines Harmonia? Proteção, leveza, felicidade ou saúde? Quanto mais conheço o Reiki, mais difícil se torna para mim, defini-lo. Escrevi uma frase que, creio, traduz o sentimento que me invade, quando penso em Reiki:

"Reiki, manifesta em mim o poder do amor incondicional"

Para mim trata-se de uma manifestação, uma vivência, uma experiência trazida pela prática diária.

REIKI PODE SER UMA TÉCNICA

O Reiki pode também sentir-se como algo mais prático. Hoje em dia, já existem diversos trabalhos científicos sobre a ação desta energia nos seres humanos, nos animais e nas plantas. Reiki é energia e, sendo energia, ele existe. É possível medir a sua frequência com aparelhos próprios e visualizar as alterações físicas provocadas pela sua ação, por exemplo, nos casos de ansiedade.

No Brasil, desde 2017, que o Reiki faz parte das terapias integrativas e complementares, sob o código 8690-9/01 da CONCLA (Comissão Nacional de Classificação) órgão responsável pela classificação de profissões e ligado ao Ministério do Trabalho e ao IBGE, Portaria 849 de 27 de março de 2017.

Podemos então olhar o Reiki como uma terapia que faz uso de um determinado tipo de energia para equilibrar, harmonizar, baixar os níveis de ansiedade e stress, acelerar processos de cura física e ajudar no equilíbrio do campo emocional.

São cada vez mais os trabalhos científicos levados a cabo sobre a ação do Reiki na saúde humana. Exemplos disso: a tese de doutorado de Ricardo Monezi Julião de Oliveira "EFEITOS DA PRÁTICA DO REIKI SOBRE ASPETOS PSICOFISIOLÓGICOS E DE QUALIDADES DE VIDA DE IDOSOS COM SINTOMAS DE STRESS." Estudo placebo e randomizado feito na Universidade Federal de S. Paulo - Escola de Medicina: TÍTULO DE DOUTOR EM CIÊNCIA.

Outros trabalhos:
- Tese de Mestrado de Paula de Campos Babenko;
- Tese de Mestrado de Ricardo Rodrigues Garé;
- Tese de Mestrado de Luciana Vannucci.
- Artigo Científico de Tony de Carlo Vieira; Benlke; Sieglinder; Salles;

Leia Forte

E tantos outros que estão publicados. Assim sendo, Reiki pode ser definido como uma técnica terapêutica. E ficaríamos por aqui, o que se torna prático, uma vez que vivemos num mundo onde tudo precisa de comprovação científica.

SERÁ APENAS ISTO?

Não importará ir um pouco mais além e entender a ação mais profunda desta energia que, fazendo parte da energia universal, altera e transforma pela sua elevada vibração todo o campo onde se manifesta. Não fará isto sentido?

Reiki age nos campos mais densos como o físico, mas, principalmente nos campos da energia mais subtil, onde residem as emoções, sentimentos, pensamentos, intenções, sensações e intuições.

Uma das mais belas definições de Mikao Usui ao referir-se à energia Reiki:

> "Reiki é a arte secreta de convidar a felicidade"

Mikao Usui definiu Reiki como a "arte", e não como a "técnica" ou outra palavra.

MiKao Usui

"REIKI É..."

A frase começa com "**Reiki é**" do verbo ser. Não existe então qualquer dúvida. "Reiki é" - presente do verbo ser.

Não foi dito que Reiki poderá ser ou Reiki talvez seja ou ainda Reiki, eventualmente podemos pensar que possa ser.

Não!

Mikao Usui afirmou: "Reiki é a arte secreta de convidar a felicidade". Este início de frase é tão profundo, pois nela está representada toda a confiança que Mikao Usui tinha nesta energia.

Era uma confiança absoluta que diferencia as suas ações e os resultados das nossas.

A isso chama-se **Fé. Confiança inabalável.**

Somos canais de Reiki, somos cocriadores. Afirmamos que "acreditamos". Mas será que é assim? Pensamos que acreditamos, mas as dúvidas estão sempre presentes, muitas vezes de forma tão subtil como nos comentários do género: "será que foi o Reiki ou o tratamento?" ou "e se não acontecer? deve ter sido coincidência..." Claro que as nossas ações devem ser condizentes.

Não posso querer que o exame corra bem se pensar que me basta fazer uma sessão de Reiki na véspera para me ajudar a ter melhor concentração e ancoramento da matéria (pouco estudada) e ainda clareza de pensamentos mesmo sem me ter empenhado com disciplina, tempo e responsabilidade.

Muitos jovens pedem-me Reiki quando fazem exames e a primeira coisa que lhes pergunto é: estudaste?

O Reiki não vai colocar a matéria na mente, vai sim cuidar da ansiedade, do controlo das brancas de memória (que acontecem muitas vezes) da dor de barriga, preocupação, medo ou insónia. Não posso querer que o Reiki me emagreça se eu não fizer a minha parte amando o meu corpo, cuidando com carinho dos alimentos que preparo, da água que bebo, do que penso sobre a comida que como, enfim se não fizer a minha parte.

Esta energia subtil e profunda, interfere em todos os processos exatamente como acontece connosco.

Quanto mais pratico, mais me aproximo desta definição: "Reiki é". E os milagres vão surgindo com mais frequência e intensidade a cada dia.

Ainda é um longo caminho. Um caminho que estou disposta a percorrer.

"REIKI É A ARTE..."

A palavra "arte" pode significar: instrução, conhecimento, ofício, profissão, saber, forma, maneira, método, metodologia, modo, preceito, procedimento, processo, regra, técnica, aptidão, destreza, dom, habilidade, jeito, perícia, talento, beleza, capricho, esmero, perfeição, primor, requinte.

Arte é algo que tem a ver com o subtil. É algo que vem imbuído de sentimento, criatividade, beleza, leveza, individualidade. Arte não é rígida, presa a conceitos e regras. Toda a arte vem da inspiração, é leve, bela, carrega infindáveis formas, e pode ser sentida, visualizada e interpretada de infinitas formas.

Arte não requer esforço, não cansa, não é entediante. Através da arte curamos o stress e a ansiedade. Tornamo-nos mais jovens, alegres, vibrantes e apaixonantes como seres humanos. Arte é o que transforma muitas vezes o trabalho em missão, quando se faz o que se ama. A arte é a demonstração mais pura da essência, dos valores. É a expressão real de quem somos. Somos perfeitos através e com ela. A arte mostra-nos que as diferenças são a maior força, pois traduz a nossa singularidade.

Todos temos arte em nós.

"Reiki é a arte secreta". Todos temos essa arte secreta, esse poder de criar e manifestar através de nós e em nós.

"REIKI É A ARTE SECRETA..."

Secreta, que significa: oculto, escondido, encoberto, invisível, privado, pessoal, particular, íntimo, recôndito, reservado, sigiloso, confidencial, discreto.

"Arte Secreta" que está em ti, no teu íntimo, no teu sentimento mais nobre, na tua intenção e vontade de amar o outro e de te amar também. Arte é individual, é de cada um. Cada um de nós faz uso dessa energia de acordo com a sua forma de amar, respeitar, agir e sentir o mundo.

"Reiki é a arte secreta" não necessita de nada externo, está em cada um de nós, está no teu íntimo. Não está nas coisas visíveis. Está no sentir, no ser feliz, ser pleno, leve, harmonioso, pois a arte requer sempre harmonia, beleza, leveza, significado e equilíbrio. Não precisas sequer de divulgar, é algo que te pertence intimamente. Está no teu secreto. Onde só tu tens acesso. Podes fazer uso dela quando e o quanto quiseres. É no secreto que posso tomar as mais profundas decisões, é no secreto, nos momentos de silêncio que consigo escutar o que me vai na alma. Não preciso de fazer barulho e clamar ao mundo que sou Reikiano. Por vezes, o orgulho de ser reconhecido e elogiado não nos engrandece em nada. A grandeza está na arte secreta, no cuidar sem necessidade de receber de volta, está em dar e sentir-se pleno pelo prazer que se recebe por ter doado. Nem sempre a troca que recebemos necessita ser material. O prazer de ver a outra pessoa ficar melhor ou o prazer de passar, e ter através do Reiki contribuído para harmonizar uma situação ou uma dor alheia, é a maior das recompensas. Posso enviar e ajudar no silêncio através do meu olhar e da minha intenção. Secreto, sem a necessidade de ser reconhecida ou elogiada, sem a necessidade de que saibam que estou a dispor de tempo para ajudar, sem necessidade de me vangloriar. Arte secreta está onde eu estou, eu sou a arte secreta. No secreto está o perdão, compaixão, entendimento, resiliência, paz, tudo isso é o Amor. No secreto está a responsabilidade, a atitude, o caráter. O que sou realmente está no meu secreto que transcende e transborda, transparece para o exterior através do que faço, digo, escuto e toco. É aí que mora o Reiki. Reiki não mora no Ego, na vaidade, ele vive e está no teu secreto.

"REIKI É A ARTE SECRETA DE CONVIDAR..."

Convidar refere-se ao livre arbítrio, algo que não é imposto nem pode ser. Existe em mim por minha livre vontade, eu trago o Reiki a mim ao meu mais íntimo secreto porque eu quero eu aceito.

Não me é imposto. Trago a felicidade secretamente a mim através do Reiki e dessa forma manifesto a minha paz no mundo. Eu quero, eu desejo convidar a felicidade a mim. Todo o ser humano anseia por ser feliz, próspero saudável, amado, reconhecido, elogiado, entendido e compreendido. E é maravilhoso!

O que não sabemos ainda muito bem, é como convidar tudo isso. Como permitir que o que mais desejo venha a mim. Como convidar? Jesus disse: "Pede e receberás, pois todo aquele que pede recebe". Parece tão fácil, mas na verdade não sabemos nem pedir e menos ainda receber. Pedir e receber são movimentos, vibrações energéticas que funcionam pela ação da fé. Quando acredito plenamente que o que peço eu já recebi, então não é mais o pedido carregado do sentimento de carência e falta, mas o pedido transformado em gratidão. Não era assim que Jesus fazia?

Não vivia constantemente em estado de gratidão e união com o Divino, com Deus? Os milagres aconteciam naturalmente na sua presença. E foi Jesus que disse também que todos nós poderíamos fazer o que ele fazia e muito mais. Estaria ele a mentir? Estaria ele a enganar-nos? Há que pensar. Só não ficou claro que teremos que confiar e ter a mesma fé que ele tinha no "Pai'. E é aí que está o maior obstáculo, pois o nosso medo, orgulho e necessidade de controlo faz a diferença. Convidar significa acreditar, estar plenamente aberto a receber, confiar e entregar-se ao processo, no caso ao fluir do Reiki em mim e através de mim. Abrir-se ao Amor e deixar o Ego, a necessidade de comandar e controlar. Deixa fluir o Reiki que está em ti. Convida-o com amor, carinho, intimidade e confiança.

"REIKI É A ARTE SECRETA DE CONVIDAR A FELICIDADE..."

O que é felicidade? Estado de consciência plenamente satisfeita, satisfação, contentamento, bem-estar. Sensação real de satisfação plena, alegre, contente, realização, êxito, fortuna.

Para mim, felicidade é um estado de espírito. Não tem a ver com nada externo, embora transborde para o mundo externo. Felicidade é um estado ao qual todos ansiamos por sentir. Felicidade vem de dentro, do meu secreto, não vem nem pode ser sustentada por nada externo. E é esta plenitude interior a que o Reiki nos convida de forma secreta.

Felicidade não é um objetivo, mas o processo através do qual eu consigo alcançar os meus desejos e objetivos. Felicidade é o sentimento que me preenche quando envio ou aplico Reiki. Quando numa formação sinto e vejo as lágrimas de alegria e emoção em cada aluno e também a transformação que acontece naquele momento neles e em mim. Felicidade, é o que sinto no abraço que recebo, no sentimento de ter feito o que deveria naquele momento. A emoção que fala através do silêncio e do olhar. A profunda gratidão por estar aqui neste momento e poder ser cocriadora de um mundo melhor juntamente com os milhões de seres humanos que estão também nesta transformação e desejo.

Talvez agora tenha ficado um pouco mais claro a forma como entendo, vivo e partilho esta energia que nos foi dada com amor incondicional.

Como não ficar encantada?!

ONDE ESTÁ A DIFERENÇA?

Foi este Reiki que senti, no fim-de-semana da formação do meu primeiro nível no sistema integrado Caminho do Arco-Íris: a forma de entender o fluxo desta energia em nós e através de nós.

Depois de terminar o primeiro nível neste Sistema, a minha prática tem sido constante. A riqueza e variedade de uso são tantas quantas as ações de cada dia.

O que é que faz com que o Sistema de Reiki Caminho do Arco-Íris seja diferente de outros sistemas?

Para mim que fiz formações de Reiki com diversos mestres, a maior diferença encontra-se na forma de entendimento desta energia de ilimitadas potencialidades e possibilidades e infinita nutrição que nos é mostrada e ensinada de forma tão simples e profunda.

São ensinados protocolos e posições de mãos transmitidos e ensinados pelos primeiros mestres professores e que aqui são orientados para uso principalmente enquanto não estamos seguros. Esta orientação primária é de extrema importância. A prática vai dando depois lugar à intuição e à percepção que ficam mais aguçadas. Com a prática diária, a tua intuição passa a ser a tua maior orientação. Cada atendimento é diferente, dependendo de cada indivíduo e das suas necessidades.

Eu sou um instrumento cocriador com e através do Reiki

Outra diferença diz respeito ao entendimento da energia como um todo, manifestada em tudo e através de tudo. Uma abordagem às diferentes manifestações da energia na natureza, em perfeita unidade connosco. Desta forma, começamos a ter um primeiro entendimento de que os símbolos ou chaves do Reiki, são concentrações de energia com determinadas caraterísticas. Somos apresentados a uma força ilimitada onde residem as infinitas potencialidades da criação e não só ao Reiki limitado por fronteiras de alguns símbolos e posições definidas em tempos definidos. Enquadramos o Reiki nas ações diárias desde as mais banais às mais profundas.

Algumas das muitas diferenças:
Esta "Arte secreta de convidar a felicidade" é mostrada na sua plenitude.

Cada mestre coloca no seu trabalho a sua forma única e exclusiva de ensinar e vivenciar o Reiki, por esta razão, ser diferente não é ser melhor ou pior. Trata-se apenas uma caraterística que agrega e enriquece. Existem diretrizes que devem ser mantidas pois só existe um Reiki. O que difere são as muitas vivências, percepções e conhecimentos de cada mestre, que se refletem na forma como ele ensina e transmite o Reiki.

Também não posso deixar de falar nas infinitas manifestações de Reiki que ao longo destes 100 anos têm vindo a ser recebidas por alguns mestres e Reikainos nos seus trabalhos com esta energia. Como tudo no universo, a única coisa real é o que não se consegue definir. É indefinível.

O universo está em constante mudança, nós estamos em constante mudança, as nossas percepções, pensamentos, vontades, atitudes estão em constante mudança seja no sentido de expansão ou não. É uma escolha individual. O Reiki, fazendo parte da vibração do universo, é imutável e indefinível. Então, o que é que muda? Mudam as percepções que dele têm vindo a ser sentidas, manifestações do Reiki que não ficam de fora deste processo tão natural e magnifico.

QUANTOS REIKI`S EXISTEM?

Com o aparecimento de tantos sistemas ao longo destes 100 anos de existência, é inevitável perguntar porque é que existem tantos sistemas? Tantas "correntes", tantas formações diferentes de Reiki? Qual a melhor? A mais verdadeira? Qual é que me dá mais garantias? Umas têm a duração de 6 horas, outras de 12 horas e outras ainda de 16 horas ou mais. São também ministradas no formato "poucas horas online", ou com meses de intervalo entre os níveis. Há também as formações que oferecem vários níveis num só dia.

Tenho muita resistência em relação a fazer uma formação de Reiki on-line, embora hoje em dia se trabalhe bastante desta forma, logo depois da iniciação ter sido feita presencialmente. Para mim, é imperioso que a iniciação seja feita presencialmente. Defendo ainda que o primeiro contacto com o Reiki, também deve acontecer de forma presencial.

Ou seja,

Reiki é único

Só existe um Reiki e é muito importante que se perceba isto. O que acontece é que há inúmeras percepções diferentes desta energia universal como já falei no capítulo anterior.

Trata-se de percepções trazidas por mestres que, na sua forma de ver, sentir e agir transportam para si o Reiki. Para uns o trabalho com esta energia transborda de regras, conceitos, práticas, mantras, linhagens e posições definidas para aplicação, para outros estamos perante um método terapêutico. Simples assim. Para outros ainda, trata-se de uma mistura de várias técnicas, onde a indefinição traz algo que nada tem a ver com o verdadeiro sentido desta energia única, plena, completa, profunda e amorosa que é o Reiki.

Quem não conhece nem compreende, pode sentir o Reiki como algo místico. Pode até pensar que o Reiki tem a ver com seitas religiosas, ou que só quem tem certos dons (como ver auras ou escutar vozes) pode trabalhar com ele.

Eu respeito todas as crenças que possam existir relativamente à forma de pensar a energia Reiki, pois todas são a verdade para quem as defende.

No meu caso concreto, ao conhecer vários mestres e fazer com eles as formações, pude perceber as diferenças de entendimento, sendo que todas são válidas e plenas no seu uso. Reiki supera e abraça todas as possíveis formas de entendimento que nós seres humanos podemos ter sobre ele. Para mim, o Reiki é infinitamente mais profundo do que jamais conseguiremos algum dia entender.

Uma coisa sei:

Reiki não é uma religião ou uma corrente filosófica – Reiki é do Universo

Está presente em tudo e em todos, como energia de elevada vibração manifestada através do amor.

Tudo no Universo é energia. Existem vibrações e frequências diferentes, que se manifestam de forma diferente.

Sendo uma energia de vibração elevada, jamais ela consegue agir e manifestar algo que não seja também elevado.

No que diz respeito ao conhecimento que recebi no Caminho do Arco-Íris, tratou-se de algo que se acoplou à minha alma. Encaro o Reiki como uma energia de amor que se manifesta fora dos padrões estabelecidos de regras e condicionamentos.

Desde esse momento, o Reiki tornou-se uma ferramenta que me acompanha diariamente. Não só para meu uso pessoal mas também no trabalho e em tudo o que faço. Como em tudo na vida, é a prática que nos transforma dando-nos segurança no que fazemos.

Foi quando fiz a formação do segundo nível de Reiki Caminho do Arco-Íris, entendi que existem vários sistemas de Reiki.

Neste primeiro contacto com o sistema de Reiki Caminho do Arco-Íris pensei que tinha entendido o que eram essas variedades de sistemas. Mas, não.

A BUSCA DE MIKAO USUI

Após vários anos de busca, sensei Mikao Usui, reclamou por um significado e um sentido maior para a existência humana. Sem respostas concretas no conhecimento que adquirira, decidiu procurar respostas de forma mais profunda. Era isso que ele verdadeiramente buscava: respostas profundas para o sentido da vida.

Refugiou-se em silêncio e jejuou no monte Kurama para que desta forma pudesse estar totalmente disponível a receber o que tivesse de receber, estando plenamente convicto de que isso poderia ser nada.

Após 21 dias de jejum completo, nada acontecera, mas a madrugada do dia 21 quebrou essa "rotina". Ninguém sabe ao certo o que foi e de que forma aconteceu. O que se sabe é que, o que aconteceu nessa madrugada, transformou profundamente este ser humano. Essa força inexplicável que o levou a um estado de expansão de consciência, foi um dos grandes presentes oferecidos à Humanidade através dele. Um Amor profundo, uma força inexplicável que alteraram definitivamente o seu estado de consciência, e a que ele chamou Reiki.

Mikao Usui, reconheceu e resgatou para a humanidade o entendimento de que existe uma energia que permeia o universo que faz parte de todos nós. Uma vibração profunda e subtil que altera todo o campo, trazendo equilíbrio e harmonia entre todos os campos energéticos: uma energia que está presente em todos os seres vivos e não vivos.

De acordo com o que se sabe, Mikao Usui ensinava cada aluno de forma individual. Cada um, era visto como um ser único, que podia desempenhar o seu melhor papel como Reikiano, ao seu ritmo de entendimento e prática.

Mikao Usui, fazia uso desta energia através do toque, massagem, pressão e imposição de mãos, olhar e sopro.

Deixou aos seus mestres e alunos a incumbência de usarem sempre o Reiki com o maior respeito, permitindo e incentivando o fluxo da intuição de cada um no trabalho com o Reiki.

Incentivava a que o seu semelhante sentisse o fluxo da energia através da atenção plena, antes, durante e após cada aplicação. Assim, se pode trabalhar e direcionar de forma mais consciente o seu fluxo.

Respirar, meditar, cuidar do corpo físico e da mente é fundamental. Sendo o Reiki uma energia que permeia todo o universo, é normal que ele se manifeste de infinitas formas, e não é possível colocar-lhes os limites e condicionamentos de alguns poucos símbolos. Ao longo dos anos, alguns mestres e professores têm vindo a sentir variadíssimas forças e movimentos com intensidades distintas. São infinitas forças e formas de expressão do amor a que chamamos "símbolos ou chaves".

Assim vão nascendo e surgindo novos sistemas com nomes distintos.

Hawayo Takata, desenvolveu (com o aprendizado recebido através do Dr.Hayashi) o seu próprio sistema de Reiki ao qual deu o nome de Usui Tradicional.

Hoje em dia existem vários livros no mercado que ensinam algumas formas e protocolos que, segundo se sabe, eram usados por Mikao Usui nos seus atendimentos.

PORQUE É QUE O REIKI NÃO É UMA RELIGIÃO?

Depois do que se passou no monte Kurama, Mikao Usui refugiou-se algum tempo no mosteiro onde tinha estado alguns anos. Era necessário metabolizar e entender toda a transformação que acontecera naquela madrugada. Como iria passar tudo isso para o mundo? De que forma poderia fazê-lo para que se entendesse algo tão profundo e transformador?

Formatou processos através dos quais poderia ensinar aos seus alunos sobre o uso pleno do Reiki. Das iniciações ao reconhecimento e uso desta vibração energética, tudo foi cuidadosamente preparado.

Foi durante este período que, baseado nos poemas do imperador Meiji (um profundo conhecedor da psicologia humana) formatou os princípios que ajudariam na transformação de todos nós, através de pequenas grandes mudanças de hábitos e atitudes. Os cinco princípios do Reiki!

A GRANDE DECISÃO

Uma Religião ou uma Associação?

O Reiki foi-nos oferecido, com base nesta decisão

Ao tomar a decisão de criar uma Associação e não uma religião, Mikau Usui ofereceu ao mundo o Reiki de forma livre.

A Associação Reiki Rohyo Gakai ainda hoje existe.

Não sou de forma alguma contra a religião, pelo contrário. São caminhos necessários, e de extrema importância para o nosso desenvolvimento enquanto seres humanos e que nos trazem orientações e diretrizes importantes.

Através desta tomada de decisão, Mikao Usui mostrou inequivocamente o seu desmedido amor pela humanidade. O Reiki chega a todos os seres humanos de todas as religiões, crenças e correntes filosóficas, de forma tranquila e respeitosa.

Reiki é desde o seu início um caminho livre no sentido em que se abre a todos. Não existem crenças religiosas, filosofias, religiões, correntes, misticismos. Desta forma Reiki é um bem da humanidade, para a humanidade.

Outra frase de Mikao Usui que gosto muito é:

“O Reiki conquistará o mundo para curar os seus habitantes e também o planeta”

Frequentemente antes de fazer uma sessão ou terapia, um envio ou aplicação de energia, sente-se vontade de orar, fazer o sinal da cruz, chamar os nossos mentores, anjos ou santos de devoção, acender um incenso ou vela. E para quem o faz, estes gestos são muito importantes. Todos precisamos de criar um determinado ambiente que nos leve mais facilmente a um estado de maior interiorização. Isto não é mais do que uma forma de conexão, unidade e respeito para o que está a acontecer. Cuidar do ambiente é extremamente importante. Cada um é livre de escolher a forma através da qual se pode dedicar com maior plenitude ao seu trabalho com esta energia de amor. Isto não tem absolutamente nenhuma interferência na qualidade do envio, pois não existe Reiki mais ou menos forte de melhor ou pior qualidade. Só existe um Reiki, pleno, completo, manifestado através do amor. A diferença está em quem o transmite, ou seja, nos seres humanos, através dos quais esta energia se faz passar. Aqui sim, existem infinitos tipos de canais, uns mais confiantes e permissivos à sua passagem, outros mais temerosos, que naturalmente condicionam a quantidade, mas nunca, a qualidade desta energia plena.

Os 5 princípios

OS 5 PRINCÍPIOS ORIENTADORES NO REIKI

Introdução

Tendo em conta que a cura não se faz apenas cuidando do corpo físico (para ela ser efetiva precisa de acontecer em todos os nossos campos mais profundos) é fundamental cuidar dos pensamentos, sentimentos, hábitos, decisões, medos e seguranças. Tudo isto vai permitir (ou não) uma cura mais profunda. Mikao Usui criou uma sequência de conselhos, orientações/regras a que chamamos de princípios. Uma orientação de vida, que carinhosamente oferecia a quem o procurava buscando ajuda. Da mesma forma, incentivava os seus alunos a procurar viver diariamente segundo essas orientações. Para que primeiro e acima de tudo, pudessem cuidar de si próprios.

Reiki tornou-se um caminho, e não apenas uma técnica de aplicação, trata-se de uma forma de acolher o equilíbrio físico emocional, mental e espiritual.

Espiritualidade e religião, operam em campos distintos, a primeira está conectada com o que se passa dentro, a segunda está ligada com o que se passa fora, no entanto, sendo distintas, uma e outra podiam e deviam caminhar juntas. Mas que nem sempre é isso o que acontece. E essa é uma das razões pela qual ainda se confunde Reiki com religião.

Através dos 5 princípios, podemos caminhar pela vida de forma mais suave, mais plena e consciente.

Sabendo que grandes mudanças começam com pequenas decisões consistentes e contínuas, os 5 princípios de vida proporcionados por Mikao Usui beberam inspiração nos mais lindos poemas do imperador Meiji. Verdades anteriores que Jesus e talvez mesmo ainda antes de Buda, Lao Tse ou Maomé.

São verdades intemporais. Não nos enganemos ao pensar que simples não significa profundo. Com efeito, por serem frases tão simples, escondem uma sabedoria tremendamente profunda. A sua interpretação como é natural, surge de acordo com o sujeito que a leva a cabo.

Partilho aqui a forma como eu os entendo. Não pretendo obviamente convencer ou ensinar quem quer que seja, ou o que quer que seja com estas palavras.

Simplesmente partilho o meu sentimento e a maneira como eu sinto estes princípios, e o que é que eles ecoam em mim.

SÓ POR HOJE; SOMENTE HOJE

Kyo da Kewa

O que é que significa? Olhando de forma rápida é simples de entender, mas aprofundemos um pouco mais.

A palavra "só" (adjetivo) ou "somente" (advérbio) significam: Apenas, não mais que, apenas um, único.

Não é por acaso que os 5 princípios começam com esta frase.

"Somente" ou "só", encerram ambos o reforço da simplicidade e profundidade. Mudanças profundas requerem concentração, dedicação, trabalho e foco. Essas mudanças mostradas assim, tornam-se realmente mais exequíveis, mais fáceis de entender e de praticar.

"Somente hoje": indica a importância do foco no "aqui e agora".

Buda já ensinava que "só o agora é real".

Ao ensinar a oração do Pai Nosso, Jesus menciona: "...o Pão Nosso de cada dia nos dai hoje...". Ele não diz "...o Pão Nosso de todo o ano nos dai todo o mês..."

Ao mantrar os princípios com esta frase, tomamos consciência da ação no momento que nos pertence. O momento "só por agora", ou "só por hoje", não está presente na preocupação ou ansiedade vivida na ausência do futuro, nem no arrependimento, vitimização ou nos "ses" do passado.

Só por hoje, somente agora, não é fácil de conseguir.

O agora está na tomada de consciência do poder Ser. É no agora que está este nosso poder e por isso sentimos tanta dificuldade de estar e de assumir este momento. Sentimos medo do nosso próprio poder. Sabendo disso, Mikao Usui propõe com muita subtileza que "... Somente agora. Experimenta sem medo".

Não tenhas medo do teu poder. Não tenhas medo de te transformares num ser humano melhor. Não é preciso ter medo do momento presente, pois a palavra já diz é um presente, uma dádiva que desperdiçamos sem nos darmos conta disso.

Onde está o Agora?

Exemplo
Hoje foi difícil almoçar tranquilamente, sem ter de olhar para o telefone, respondendo a mensagens enquanto se coloca mais uma colherada de comida na boca. Damos mais uma mordidela no hamburger enquanto deslizamos os dedos meio engordurados no écran do telemóvel para ver o que há de novo nas redes sociais.

Em casa, alimentamo-nos mais das imagens da TV, do que dos próprios alimentos. Isto é viver completamente fora do momento. Não estamos presentes em mais nada. Estamos numa reunião, mas sem nenhum foco pois a nossa cabeça está nos milhares de pensamentos que nos invadem a mente. Lemos histórias aos nossos filhos com o telefone ao lado ou numa corrida sem aproveitar esse momento que não voltará, conduzimos sem estar no momento presente, amamos sem estar no momento presente, meditamos quantas vezes sem estar no momento presente.

Somente agora, somente hoje, é o primeiro passo, o mais desafiante. Ainda estou nesse aprendizado consciente e honesto de, a cada dia, viver no "só por hoje".

Não conseguir viver o momento, vai-nos trazendo vazios internos e insatisfações. Nada é saboreado profundamente, nada é construído com consistência. Ficamos surpresos e admirados com o porquê desta sensação. Eu até vivo de forma confortável, ganho bem, viajo, sou reconhecido, mas sinto um vazio. Este vazio acontece por não termos saboreado cada momento. A vida passa e não nos lembramos do que vivemos, isso acontece porque não vivemos com presença esse momento. Ficam na lembrança os poucos momentos bons (ou não tão bons) onde realmente conseguimos concentrar a nossa atenção plena naquele "só agora".

O momento de "só por hoje" ou "momento presente" não está na preocupação, nem no arrependimento, nos "ses" ou nos "vou fazer", "vou pensar". Também não se encontra na ansiedade ou preocupação, mas na consciência e no prazer que sentimos de viver intensamente o que se apresenta claramente como presente com todos os sentidos focados aí.

Um dos livros mais belos que li sobre o momento presente foi "O Poder do Agora" de Eckhart Tolle. Uma companhia que faz parte da minha vida desde 2002. Indico-o a quem tiver interesse em viver o agora como um presente.

SÓ POR HOJE NÃO TE PREOCUPES, CONFIA

Shin pai suna

Ao falar neste princípio, percebe-se que a ocupação antecipada (pré-ocupação) é o oposto do "viver o momento".

Preocupamo-nos quando não temos o controlo sobre algo ou alguém. Preocupo-me com os meus filhos porque não controlo os seus atos, pensamentos, amigos, desejos. Fico preocupado pois não sei o que ele ou ela está a ver no computador, telefone ou se está no quarto fechado, ou com quem está a falar.

Neste momento é urgente que se pergunte: Não confias nele ou nela? Não confias na educação que lhes deste?

- Sim confio, mas e se... dizes, amedrontado.

Então porque é que te preocupas?

Preocupo-me com o meu trabalho porque não controlo o movimento da economia, não está no meu controlo os negócios e transações da empresa.

Preocupo-me se vou continuar naquele emprego ou não.

E se confiares mais em ti e nas tuas habilidades e capacidades como profissional? Faz o melhor que sabes em todas as circunstâncias. E confia.

Preocupo-me quando deixo o meu filho ainda pequeno, na escola ou infantário. Será que vão cuidar bem dele? Será que ele vai comer bem? Será que ele vai chorar?

Confia nas pessoas que vão cuidar. Ele vai crescer com cada desafio. Preocupo-me com a minha saúde porque até agora ela não tem sido a minha prioridade. Olho-me ao espelho e fico preocupado com o que vejo.

E se começares hoje com novos hábitos alimentares e fizeres um pouco de exercício físico?

Preocupo-me com a cirurgia porque não conheço a equipa médica. Será que vai correr bem? Isso não está no meu controlo.

Porque não confiar?

Preocupo-me com o trânsito ou com a viagem. Será que o condutor não vai ter sono durante a condução? Será que vai fazer nevoeiro? Porque é que não confias na capacidade de condução cuidadosa e cautelosa do condutor?

Podia mencionar uma infinidade de situações.

Preocupo-me com tudo o que não está sob o meu controlo.

Mikao Usui lembra como é importante confiarmos mais. Sobretudo confiar mais em nós, nas nossas habilidades únicas. Somos seres individuais, únicos, e capazes de fazer tudo aquilo a que nos propusermos, se confiarmos em cada momento. Só por agora. É fundamental estar sempre receptivo a novos desafios em vez de permanecer amarrado ao comodismo ou ao que estamos habituados a fazer, isto é uma forma de nos libertarmos da preocupação, mas para tal é necessário confiarmos em nós e, naturalmente, estar sempre preparado para a mudança.

Neste princípio é-nos dito que a preocupação nos afasta do que desejamos e que a confiança atrai.

Sobretudo confia mais no Reiki.

Ao aplicar ou enviar Reiki, quanto mais deixamos fluir naturalmente, mais o processo de transformação acontece. A nossa tentativa de querer controlar só prejudica. Não fazemos mais, porque a preocupação trava e limita o fluxo desta energia amorosa e curadora.

É como fazer uma oração e depois duvidar. Devíamos aprender mais e melhor como faziam (e fazem) todos os grandes mestres da história: confia profundamente. Quando viermos a ser capazes realmente de confiar, veremos que milagres acontecem todos os dias e em todos os momentos.

Mudar algo torna-se muito mais leve e menos preocupante se estivermos presentes no momento.

A falta de confiança traz incerteza;
A incerteza traz dúvida;
A dúvida traz medo;
O medo é a ausência de Amor.

Procura desenvolver mais a tua confiança. Confia mais na tua alegria, nas decisões que tomas, na tua intuição, na tua profissão, nos teus passos, na tua família, nos teus amigos, no Reiki que está vibrante em ti e, sobretudo, confia mais em Deus.

A preocupação envelhece o teu corpo físico. Envelhece e atrofia o teu corpo emocional e mental e abafa o fogo do teu corpo espiritual, que é a tua ligação profunda com o Criador.

Aprende a sorrir mais, a amar mais, a viver de forma mais intensa, a ter a coragem de ser feliz, leve, saudável, criativo, prestativo.

Confiar mais é amar-se mais.

Criar novos objetivos é de extrema importância. Planear as atividades do dia, da semana ou do ano. Elaborar novos projetos para o trabalho, lazer e família é fundamental para sabermos onde e de que forma se quer viver. Mas é bom não esquecer que só controlamos até certo ponto.

No que diz respeito ao Reiki, por vezes torna-se bem difícil este "confiar". Eu aplico ou envio, mas logo em seguida fico na dúvida, na expectativa, à espera de ver se funciona ou não. Se por um lado desejo, por outro, a dúvida deita por terra o fluxo. E o que é pior: quando algo incrível acontece, ainda digo ou penso "foi uma coincidência" ou "foi um acaso". Tal o tamanho da minha "não confiança".

Confiar não é fácil. Confiar também significa entregar, ou seja, não querer ter o domínio de tudo.

É possível confiar um pouco mais dia após dia, através da prática. Confiança é algo que se constrói, que leva o seu tempo e não acontece de uma hora para a outra. Quanto mais pratico, mais profunda essa confiança se faz sentir.

Confiança é do foro pessoal. Por vezes confio baseado-me na confiança de outro. Por isso vacilo e sinto-me insegura. A confiança profunda é pessoal. Eu confio pelas minhas experiências não pelas experiências dos outros.

NÃO TE IRRITES, NÃO TE ZANGUES

Ikaru na

Visto desta forma somos levados a pensar que é quase impossível não nos irritarmos nem nos zangarmos. O que será que Mikao Usui quis dizer com este princípio. Será que quis que fossemos todos iluminados? Santos? Perfeitos? Mas até os iluminados têm os seus momentos "menos bons" não é?

Então o que é que este princípio realmente nos ensina?

Só por hoje, não guardes a tua zanga nem te deites com ela.

Aproveita e aprende com ela.

Que grande lição!

Ao irritarmo-nos, ficarmos magoados e/ou zangados. A impaciência, o julgamento/condenação, faz parte do ser humano.

Todos temos as nossas sombras que em algum dos momentos do dia podem ser despoletadas por outros ou por situações específicas, manifestando-se. Temos o direito de manifestar as nossas sombras. A questão passa por saber que lição devo aprender com isso? Porque é que eu me irritei? Porque é que atraí aquela situação? Porque é que perdi o controlo e fiquei tão zangado? O que foi que o outro despoletou em mim que devo cuidar. Não durmas com esses sentimentos de mágoa, dor ou stress. Faz o teu processo de cura, liga a alguém se tiveres de o fazer, responde se tiveres que responder, conversa se tiveres que conversar. Faz o que for necessário para que possas deitar a cabeça no travesseiro, sentindo paz na alma.

Usa o Reiki nesse processo de cura.

Quando conseguimos entender que atraímos tudo para nós como um íman, assumindo a responsabilidade por isso, não teremos necessidade de transferir a responsabilidade para ninguém. E assim, sendo nós os protagonistas da história, temos o poder de aprender, e mudar. Mais ainda: temos a consciência de que podemos, através do que que aconteceu, melhorar e ver o que em nós pode ser corrigido. Podemos transformar a condenação, irritação ou zanga em gratidão. Isto não é incrível?

Pessoalmente, este princípio tem-me ajudado muito a desenvolver a gratidão e a saber que, o que me acontece que não me agrada, nada mais é, do que oportunidades para melhorar.

Como posso melhorar se à minha volta tudo está bem? Como posso desenvolver a paciência num ambiente tranquilo? Como desenvolver o entendimento num ambiente onde todos se entendem? Como posso saber o que é lealdade num ambiente leal?

Ao entender que posso ver as adversidades como lições e como espelhos de mim eu aprendo também a não julgar, criticar ou condenar. Sei que o outro reflete um pouco de mim.

Agora, sei que posso aprender, só por hoje. Agora, entendo o quanto preciso melhorar através das lições dadas por quem me mostra as minhas sombras. Sempre que fico irritada, zangada ou magoada, sei que isso não é mais do que algo que o outro despoletou e trouxe para fora, e que eu precisava corrigir. Somo espelhos uns dos outros e o que no outro me irrita, não é mais do que aquilo que existe em mim e que preciso corrigir. É uma das maiores possibilidades que temos para nos tornarmos melhores como seres humanos. Entender isto, leva-nos a não julgar ou condenar, mas antes a desenvolver a gratidão genuína.

Tudo no universo é importante e é através das lições e aprendizados, que temos a possibilidade de saborear as conquistas.

Esforço-me a cada dia por entender que as minhas sombras fazem parte de mim. Olhar para o que me irrita e magoa e dizer “sou grata por se terem manifestado”, e que por essa razão, eu consigo entender, aceitar e amá-las como parte de mim, é um trabalho que faço diariamente quando me deito.

SÓ POR HOJE MANIFESTO GRATIDÃO

Kan sha shite

Gratidão é uma palavra de que tanto se fala nos nossos dias.

O que é Gratidão?

Para mim é uma das mais belas facetas do Amor. Quando sincera e genuína, a gratidão é transformadora. Viver por forma a sentir gratidão por tudo e por todos é ainda utopia para muitos. Consigo entender porquê. Também já estive desse lado.

Transformar a gratidão num estado de espírito, numa filosofia de vida, é um processo desafiante. Ser grata quer porque faz sol, quer porque o dia está cinzento.

Gratidão é um sentimento? Ou um estado de espírito?

Quando vivo e entendo a Gratidão como um sentimento, sou grata pelo que recebo, pelo dia que vivi, pelas coisas materiais que conquistei, pelo dinheiro que ganhei. Agradeço a oportunidade, a ajuda, e o que de bom me acontece. Quando nada acontece, não tenho por que agradecer, muito menos se algo menos bom me acontece. Nesse caso, agradeço o quê e porquê? Não tenho por que agradecer.

Sendo vivida como sentimento, a gratidão tem sempre como objeto algo externo: se recebo eu agradeço, se não recebo, não tenho por que agradecer. Esta é a gratidão vivida através do sentimento.

Quando interiorizo um pouco mais, adentro no processo de transformação deste sentimento e eis que surge o estado de espírito. A gratidão assume uma maior profundidade e passamos a viver num estado que não depende de acontecimentos externos para a sentir. Esse estado de espírito é realmente transformador pois proporciona-nos ver os dois lados com o mesmo sentimento. Eu sou a gratidão. Eu vibro gratidão e expando gratidão independentemente dos acontecimentos externos. Tudo passa a ser motivo para agradecer. Não tem a ver com aceitar tudo de forma ingénua, mas antes me permite ver as coisas como elas são de forma mais clara. Entender que tudo é necessário. Viver desta forma, gera muitas vezes incompreensão.

Como ser grata ou mostrar gratidão perante algo "não tão bom"? Mostrar-se agradecido ao receber algo agradável é muito fácil, é natural, não custa. Mas aprender a ser grato perante uma situação dolorosa ou face a algo que magoa é diferente. Como ser grata quando falta a água a meio do banho, ou o gás quando o bolo está no forno? Como ser grata quando se perde o emprego, quando sofremos um acidente ou quando reprovamos no concurso? Como ser grata com a presença de uma doença ou a partida de um familiar ou amigo? É aí que somos colocados à prova.

A gratidão traz-nos a possibilidade de entender que fazemos parte de algo maior. Ser grato liberta.

Gratidão é a forma mais sublime de fé e confiança;
Gratidão é um movimento que materializa o desejo;
Gratidão é criadora;
Gratidão cura;
Gratidão perdoa;
Gratidão acolhe;
Gratidão entende;
Gratidão compreende.

Por ser tão profunda, é-nos difícil de entender e de a pôr em prática.

Só por hoje, por este momento, agradeço profundamente poder estar aqui convosco. A gratidão anda de mãos dadas com o perdão. Sou profundamente grata às pessoas que mais me "prejudicaram" financeiramente e moralmente. Às que me enganaram e abusaram da minha boa-fé. Se não fossem elas, hoje, eu não estaria aqui a escrever este livro. Entendo que estas pessoas foram de certa forma instrumentos para que eu pudesse mudar o meu caminho e fazer o que faço apaixonadamente. Mais feliz que nunca!

Há quem ainda me pergunte como é que consigo ser grata. Respondo-lhes com um "Porque não"?

A gratidão retira-me o peso da mágoa.

Sinto-me leve. Hoje acredito que foram essas pessoas e situações que me levaram a mudar. Foi preciso ser forte para que, no fundo do poço, perdida e completamente desanimada, dorida, magoada sem esperança, sem dinheiro e com o meu nome usado, ficasse desprovida de Ego. Através da Gratidão, encontrei um sentido maior para a vida. Gratidão é um processo de cura profunda.

E é nesse processo de cura profunda que o Reiki nos ajuda.

Como eu gostaria de conseguir transmitir por palavras esta ação tão profunda do Reiki. Mas não consigo! Não existem palavras capazes de o fazer. A única coisa que posso é partilhar a minha vivência. Tenho como guia o maior professor e amigo, que me inspira, orienta, acolhe e que é a personificação da Gratidão plena, pura e perfeita: Jesus.

RESPEITO E TENHO COMPAIXÃO POR TODOS OS SERES VIVOS

Hito ni shinsetsu ni

O respeito é um dos mais importantes quesitos a estar presente nos relacionamentos, sendo também imprescindível para sobrevivermos em sociedade de forma harmoniosa. Ensinamos os nossos filhos, desde pequenos, a desenvolverem respeito e regras para uma boa convivência na família, na escola e nas demais atividades: "respeita o brinquedo do irmão, respeita o pai, a mãe os avós, respeita o lugar na mesa, a prioridade na fila, respeita o lugar para a grávida ou idoso, respeita o sinal verde ou vermelho quando fores atravessar na passadeira, respeita a sinalização, respeita as regras da empresa, o tempo de atendimento" São mais que muitas as regras que nos permitem viver em sociedade tendo como pano de fundo o respeito: aprendemos a respeitar os animais, as florestas, rios e oceanos. Aprendemos a respeitar a natureza, a reciclar e a ter consciência no uso dos recursos naturais.

Aprofundando um pouco mais o sentido desta qualidade, devemo-nos questionar acerca do valor desse respeito? O que é que ele representa para cada um de nós? Se o percepcionarmos apenas como uma regra, então podemos infringir, manipular, transgredir ou simplesmente "enfrentar e não obedecer". E quantas vezes somos tentados a fazê-lo por orgulho e vaidade?

E se encararmos o respeito como uma forma de amar? Eu respeito porque quero, porque desejo, porque me sinto bem a fazê-lo. Faço questão de levar por diante esse respeito. Tenho desejo e vontade de respeitar. Posto assim, tem outro valor não é? Não se trata do fazer, mas sim o desejo que tenho em fazê-lo.

Respeita todos os seres vivos, hoje

A que se refere Mikao Usui?

Seria muito pouco se nos limitássemos a este conceito de respeito. É preciso ir um pouco além e entender o que está por detrás deste princípio.

É-nos sugerido o respeito a todos os seres vivos. Não apenas ao ser humano. Eu posso respeitar todos os seres vivos sabendo que partilhamos os mesmos espaços e o mesmo oxigénio, os mesmos nutrientes que a Terra nos oferece. Cuidar com respeito todos os animais e não só o meu animal de estimação.

Não gostaria de colocar energia na questão da alimentação, mas acredito que o bom senso quanto ao consumo da quantidade de proteína animal (sem tanto desperdício, mas apenas o suficiente) já faz uma grande diferença no respeito por todos os seres vivos, seus ecossistemas e habitats naturais. Estende-se o respeito também a todos os ecossistemas vivos nos rios, florestas, montanhas e mares. Do meu ponto de vista, a profundidade maior deste princípio, ainda está por alcançar.

Respeita todos os seres vivos: respeita a individualidade e singularidade de cada indivíduo. Os seus diferentes pensamentos, ideias, opiniões, os seus gostos e decisões em relação a todas as questões pertinentes da vida. Respeita a dor, e medo de cada um. O tempo para aprender, elaborar, agir. Respeita as múltiplas ideologias religiosas, políticas, sociais e desportivas. Respeita os seres vivos nas suas opções sexuais, alimentares, na sua decisão de estilo de vida, na sua forma de vestir e pentear. Respeita cada um nas suas diferentes formas de estar, no seu gosto musical, na escolha da sua profissão.

Se conseguíssemos interiorizar este princípio, o caminho para o entendimento e a paz no mundo seria feito em leveza.

Desenvolver em nós este princípio, traz-nos a não necessidade de julgar, criticar ou condenar.

E nunca é demais lembrar como é importante o respeito pelas crianças pois apesar de jovens na idade, elas têm muito a ensinar.

Respeitar os que já têm idade avançada, apreciando a sua incrível sabedoria e experiência, sabendo que já foram jovens, e que nós não permaneceremos para sempre jovens.

Olhar para as diferenças e admirar o todo como perfeito. Tal como as nossas mãos, que têm cinco dedos que são todos diferentes e só assim ela é perfeita. Cada dedo é, e precisa de ser diferente, pois tem funções diferentes. Assim somos todos nós.

Que princípio incrível. Que lição de vida tão profunda esta, contida nesta frase tão simples.

Só por hoje desenvolve o respeito por ti. Respeita-te acima de tudo. Como é que eu posso querer respeitar o próximo, se abandono e negligencio o ser que está mais próximo de mim, eu mesmo? Como tenho respeitado este ser físico que me acolheu?

Como tenho respeitado a minha saúde? O que é que eu como ou deixo de comer e de que forma o faço? O que é que bebo ou deixo de beber? Tenho descansado o suficiente? Tenho-me exercitado?

Como é que tenho respeitado os meus sentimentos, desejos, pensamentos e ideias? Como é que tenho respeitado a minha mente? Que tipo de alimento lhe ofereço? Com que tipo de leituras, comentários, noticiários, companhias, lugares e ambientes eu alimento a minha mente?

Sou levado por "modas" ou consigo ser fiel ao meu ritmo, ao meu tempo, às minhas reais necessidades?

Consigo dizer não quando é preciso? Tenho respeitado os meus limites físicos emocionais e mentais? Consigo tirar tempo para fazer o que gosto, como ler um bom livro, ouvir a música que me agrada, ver um filme, caminhar, pintar, escrever, tocar, brincar, rir, comer algo gostoso na companhia de amigos...

Tenho tempo para orar, meditar, entrar em contato com Deus?

Como me tenho respeitado?

Só por um momento, respeita-te a ti para poderes respeitar todos os seres vivos.

Com o respeito vem a compaixão. Ação através da alma.

Pára um pouco e faz a tua reflexão em relação a este princípio com que o Reiki nos acena e orienta.

SÓ POR HOJE, TRABALHA DE FORMA ÍNTEGRA E HONESTA

Gyo ohage me

Todos procuramos levar a cabo da melhor forma possível o nosso desempenho profissional pese embora sejamos tantas vezes assolados pela preguiça, ou levados a procrastinar o que devíamos ter feito “ontem”.

Faz o teu trabalho, de forma íntegra. Termina tudo o que começares, não deixes nada a meio, dedica-te sempre e desempenha da melhor forma que sabes e consegues a tua atividade. O nosso trabalho, feito de forma honesta e íntegra dignifica-nos e eleva-nos, não só no que diz respeito à apreciação do chefe, mas também dos subordinados ou clientes. Acima de tudo, eleva a nossa autoestima e segurança. Chegar a casa depois de um dia de trabalho com a certeza de ter feito o melhor que se conseguiu, traz leveza, apesar do cansaço.

Podes não apreciar o que fazes e, se for o caso, lembra-te que é através dessa atividade que podes ter uma vida digna e dar à tua família o conforto que ela merece: poder ter um carro, uma casa, ir de férias ou ter os filhos numa boa escola. E isto, pode ser usado para mudar o sentimento em relação ao que fazes. Pensa quantas pessoas dependem direta ou indiretamente do que estás a fazer profissionalmente? Por isso, o que fizeres, faz bem feito.

Dedica-te ao teu trabalho ou à tua atividade de forma honesta. Entrega-te e concentra-te quando estiveres a desempenhá-la. Só por hoje, foca-te de forma árdua e honesta.

Mas .... será só isto?

Será que se olharmos com um pouco mais de profundidade nas entrelinhas, não conseguiremos ver "algo mais"?

Analisemos juntos.

Os 5 princípios são profundas orientações para que possamos fazer um percurso mais consciente durante a vida através do Reiki.

Olhando este princípio, faz todo o sentido que haja "algo mais" para além da prática da nossa atividade profissional.

Só por hoje trabalha também, árdua e honestamente o teu processo interior, a tua mudança, a tua transformação.

Trabalha árdua e honestamente os teus novos hábitos: a tua personalidade, o modo de te relacionares e conviveres com as outras pessoas. Se te propões a mudar um hábito terás de ser honesto e trabalhar de forma consciente essa mudança, caso contrário, estarás a sabotar-te e a enganar-te. É fundamental que este processo tenha uma constância. Só por agora.

Queres deixar de fumar de beber álcool ou de comer determinado alimento que não te faz bem, então terás de trabalhar árdua e honestamente as tentações que virão.

Esse trabalho árduo e honesto é mais fácil de levar por diante se acontecer em pequenas parcelas de tempo. Só por agora, vou resistir e substituo "isto que costumo comer" por algo mais saudável. Se pretendes melhorar a tua saúde e modificar a forma como te alimentas, precisas de olhar muito bem para o que te é sugerido aqui pois vais ter necessidade de um trabalho honesto e árduo para ultrapassares as muitas recaídas durante o teu processo. Se queres ser uma pessoa mais tolerante, paciente e compreensiva, vais precisar de trabalhar as tuas tentações de forma honesta e árdua.
Começamos a entender que este princípio faz toda a diferença na

mudança que pretendes fazer. É muito fácil desejar ser ou ter, mas consegui-lo só será possível se formos honestos e verdadeiros com os nossos desejos. Quantas vezes desistimos de algo que gostamos por falta de trabalho árduo e honesto? Quando vezes começas a aprender a tocar um instrumento, podes desejar muito fazê-lo mas se não praticares de forma árdua e honesta, não ultrapassarás a fase de dor nos dedos até que neles ganhes calosidades. Não vale a pena dizeres ao professor que praticaste. Honestidade em primeiro lugar para contigo. Quero aprender e começar a meditar ou a fazer a minha autoaplicação de forma mais consciente, então vou precisar colocar este princípio em prática, sem dúvidas e de forma sincera.

Se queres melhorar o teu relacionamento com os amigos ou com a família, terás de ser honesto e estar disposto a um trabalho árduo no sentido de modificar os impulsos e velhos hábitos. Queres ser mais tolerante e compassivo? Terás pela frente um árduo processo que precisa de primar pela honestidade. Ser honesto com as nossas decisões de mudança, não é agir de forma diferente (só quando me convém) mas sim, sempre. Sempre árdua e honestamente.

Todos já passámos por aquela situação em que deixamos o que temos de fazer para mais tarde. Sobretudo quando algo nos provoca incómodo e dá trabalho, ou nos tira da nossa zona de conforto. Ter vontade de desistir a meio da transformação, é muito comum. Acontece comigo também. Por isso Mikao Usui recomendava aos seus alunos e aos que o procuravam para receber Reiki, para que lessem e interiorizassem os princípios todas as manhãs antes de sairem de casa e à noite antes de dormirem.

Se Mikao Usui não tivesse feito um trabalho árduo e honesto meditando profundamente durante 21 dias, hoje não teríamos o Reiki. Acredito que também ele teve os seus momentos de desânimo, com certeza teve vontade de desistir. Afinal, foram 21 dias sem nenhuma resposta.
Gratidão por não ter desistido e ter trabalhado árdua e honestamente a sua busca.

De uma forma geral, é assim com todos nós.

Querer, imaginar, visualizar e desejar é o princípio. Trabalhar de forma árdua e honesta é o resultado.

Trabalhar as tentações, inseguranças, medos. Trabalhar a preguiça de forma árdua e honesta. Trabalhar de forma árdua e honesta o respeito pelo meu corpo, pelos meus princípios e decisões.

Trabalhar árdua e honestamente a minha autoaplicação. A minha confiança, humildade, tolerância.

Trabalhar árdua e honestamente o meu saber escutar o outro e o meu silêncio.

Trabalhar árdua e honestamente as minhas escolhas e decisões.

Com estes 5 princípios ou orientações, Mikao Usui deixou-nos um caminho mais leve de percorrer, por forma a que nos transformemos e nos tornemos melhores seres humanos.

Os princípios são tremendamente transformadores, se ao acordar e ao deitar, os lermos, relembrando, pensando e usando-os como uma âncora do nosso esforço sincero. São uma ferramenta tremendamente poderosa ao nosso dispor.

Agora sim, a frase "Reiki é a arte secreta de convidar a felicidade", faz sentido.

Os princípios oferecidos como âncora e farol no nosso propósito de sermos diariamente felizes.

Pela manhã como propósito,
à noite como aprendizado

Penso agora que me entendem, quando vos disse no início desta obra que para mim o Reiki é uma experiência de vida, um caminho através do qual podemos ser melhores Seres humanos.

**Não atraímos o que desejamos,
atraímos o que somos**

REIKI, CAMINHO DO ARCO-ÍRIS

Tive o privilégio de conhecer a mentora do "Reiki, Caminho do Arco-Íris", Maria João Sacagami e de fazer com ela todo o meu caminho com o Reiki, um caminho que não tem fim. Tal como já disse no início deste livro, foi um amor à primeira vista. Uma simbiose perfeita no entendimento desta energia que nos envolve. Tudo me fazia sentido. Não me cabe a mim descrever o processo deste método, os seus objetivos nem a forma como foi criado, deixo essa aventura encantadora para a sua criadora, que melhor que ninguém certamente o fará.

O que pretendo partilhar é a forma como eu vivo e ensino o Reiki.

O Sistema Integrado Reiki Caminho do Arco-Íris tem como referência e base os ensinamentos deixados por Mikao Usui aos seus alunos e mestres entre eles o Dr. Hayashi e, posteriormente, Hawaio Takata.

Como podemos ver abaixo na minha linhagem.

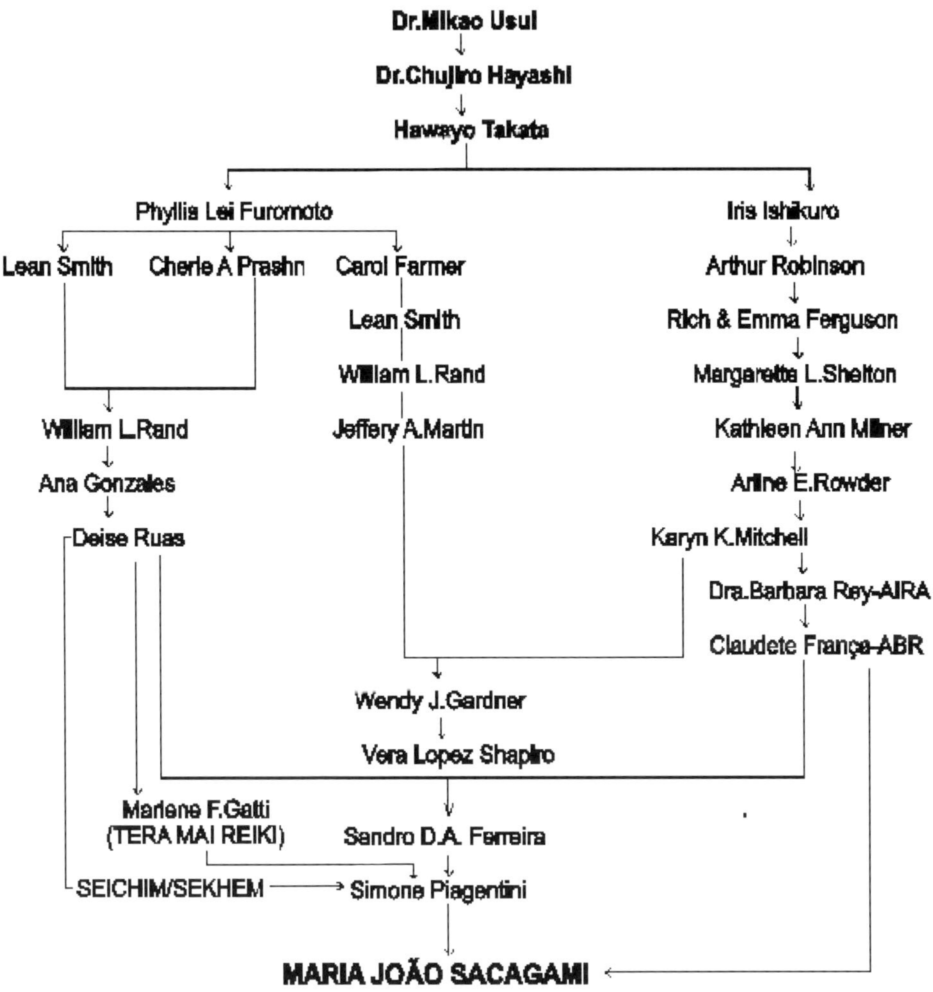

Clarisse Maria Jorge Ferreira

Mestre Reiki nos Sistemas Usui de Cura Natural e Tibetano
Mestre Karuna Reiki ®
Mestre Tera Mai Reiki / Mestre Reiki da Nossa Terra
Mestre Seichim-Sekhem Reiki – A Cura Egípcia
Mestre Reiki Caminho do Arco-Iris

CONHECER O REIKI ATRAVÉS DO CAMINHO DO ARCO-ÍRIS

Esta forma de entender o Reiki é, sem dúvida, muito mais que uma técnica. É uma forma de viver, um estilo de vida. Um caminho que se faz dando pequenos passos. A abertura para este caminho começa com a decisão de fazer o primeiro nível.

QUATRO ETAPAS

A caminhada no sistema de Reiki Caminho do Arco-Íris é feita em quatro etapas.

O processo é profundo, e deve ser feito com responsabilidade. Mudar, nem sempre acontece de um momento para o outro. A decisão, sim, mas o processo, normalmente leva o seu tempo. O tempo de cada um.

Nestas quatro etapas, trabalhamos o Reiki de forma a integrá-lo nas ações do nosso quotidiano. Não há outra forma. Para mim, não faria sentido um curso de Reiki para usar apenas no meu gabinete: uma prática que deixo no escritório, no consultório ou gabinete e volto a reiniciar no dia seguinte. Reconheço que existem muitos profissionais que agem desta forma e está tudo certo. São opções e todas estão certas.

Reiki está presente em tudo o que faço. É uma vivência. Está completamente integrado no meu corpo físico, emocional e mental. Não sou fanática do Reiki, apenas sou consciente de que é uma energia que promove proteção, leveza, tranquilidade e saúde. Por exemplo, aproveito a hora do banho, ou quando estou a cozinhar, a passear, no supermercado ou no shopping, a ver um jogo ou filme, no culto ou na missa, no hospital ou no escritório, no avião ou no carro, sozinha ou com a família, para o enviar colocando-o em todas as atividades do dia. Não se trata de algo que exista separado de mim. Não é um trabalho que termina quando desligo o computador e o volto a reiniciar no dia seguinte. Até poderá ser assim para alguns, mas não vejo nem vivo dessa forma e, acredito que não era esse o desejo e a visão de Mikao Usui.

Reiki é um estado de Ser, como vimos já nos 5 princípios: é uma forma de viver.

Um caminho de infinitas possibilidades e potencialidades, da infinita nutrição e transformação. Quando nos é dada a liberdade de escolher através do que nos é ensinado e proposto, tal significa confiança e alegria no caminho deixado para cada um. Foi o que aconteceu quando numa reciclagem de terceiro nível, senti uma vontade imensa que me impulsionava e me levava a fazer o quarto nível. Deixei que terminássemos o curso e, no final, tomei coragem e falei com a Maria João. Disse-lhe o que sentia e, com uma alguma inibição falei-lhe da minha vontade em fazer o quarto e último nível de mestre professor. Era muito estranho pois sentia-me "invadida" por duas grandes forças. Por um lado, sentia uma vontade muito forte de ir para a frente com o quarto nível, por outro, não me sentia preparada. Foi então que a Maria João me olhou com carinho e sorrindo disse-me: "está mais que preparada".

Estávamos no final de novembro de 2016. Em janeiro recebi o material e foi-me dito que quando me sentisse preparada faríamos a formação de 4° nível. Foram necessários 6 meses de estudo. Fiz com a Maria João reciclagem em todos os cursos que tiveram lugar nesse período. E no primeiro fim de semana de julho de 2017 fui iniciada no 4° nível deste sistema, como mestre de Reiki.

Sigo no meu trabalho, os princípios orientadores deste sistema. Mas, obviamente que cada um de nós tem a sua forma de partilhar e ensinar, além das experiências e vivências que enriquecem o trabalho. A mudança é constante e hoje, não sou mais quem fui. Nem eu nem ninguém. Procuro estar em contacto constante com a minha professora e mestre Maria João, pois também ela está em constante mudança e traz sempre algo que nos enriquece e acrescenta a todos.

PRIMEIRO NÍVEL

No primeiro nível o meu objetivo consiste em colocar o futuro Reikiano em contacto com o contexto histórico conhecido, desvendando de forma leve as várias histórias, não só as deixadas por Hawayo Takata, mas também a que hoje se sabe através de documentos que comprovam com maior veracidade a vida do fundador, ou melhor, do redescobridor do Reiki.

- Quem foi Mikao Usui e como surgiu o Reiki?
- Como chegou ao ocidente?
- Os diversos sistemas que constituem o Caminho do Arco Íris e outros sistemas que foram surgindo.
- Porque, e como surgiu essa diversidade.
- Os 5 princípios do Reiki. Apresento-os de forma leve sem aprofundar, pois, é o primeiro contacto com eles. Trago-os para a vida real num contexto prático.
- Quantos "Reikis" existem?
- O que é, e o que não é Reiki.
- O que o diferencia de outras técnicas.
- Quando não devo usá-lo.
- O quê?.. Quando não devo usar o Reiki?

É também feita uma introdução aos campos energéticos sustentada por exemplos e dinâmicas.

Fala-se de chacras, das suas funções e ações básicas, das suas cores e localizações, e ainda das relações que cada um tem com o corpo físico e como agem nos diversos campos de energia.

Um dos assuntos mais emocionantes da formação do 1° nível, não tem a ver diretamente com Reiki, mas como referi, não há como separar esta energia das leis naturais do Universo.

Para que o aluno possa entender depois os símbolos ou chaves de Reiki, faço uma introdução à Geometria Sagrada. Depois de entender o que é o Reiki, os seus sistemas, e entender que tudo no Universo é energia, chega a hora de falar e aprender sobre como age o Reiki, o que acontece na iniciação e porque é que eu não inicio ninguém online. É também dada importância à proteção energética que diariamente deve ser tida em conta e as várias formas de a poder fazer, e o que acontece após a iniciação e os tão famosos e "obrigatórios" 21 dias.

Neste 1º nível, são ainda abordadas estas questões:
- Onde se encontra o Reiki e como é que ele se manifesta.
- De que forma e como eu interfiro e cocrio com ele? Sou parte dele, sou criadora com e através dele.
- Como é que o Reiki flui e como é que eu posso aumentar esse fluxo através da posição das minhas mãos.
- Será só através das mãos?
- O que são símbolos de Reiki?
- Como e de onde surgiram?
- Porque é que existem muito mais que quatro? Por exemplo no sistema integrado de Reiki Caminho do Arco-Íris trabalham-se 5 Sistemas de Reiki, cuidadosa e harmoniosamente integrados:

* Reiki Usui Tradicional e Tibetano;
* Karuna Reiki;
* Tera-Mai Reiki;
* Seichim Sekhem Reiki;
* Caminho do Arco-Íris Reiki.

Nos quatro níveis, são trabalhados e apresentados 43 símbolos:
- 8 símbolos de Reiki no primeiro nível;
- 10 símbolos de Reiki no segundo nível;
- 12 símbolos de Reiki no terceiro nível;
- 13 símbolos no quarto nível de mestre professor.

Em cada um dos níveis, estas forças ou símbolos são aprendidos de forma simples e profunda com dados práticos de uso no dia-a-dia. Partilho experiências minhas, concretas com cada um deles eu vou transmitindo essa minha certeza e paixão pelo Reiki através das suas diferentes forças.

Apresento um outro símbolo que não é do Reiki, mas que proporciona uma força e um reforço quando se trata de ativar as forças de cura.

Falamos de metas e objetivos através do Reiki.

Como enviar Reiki à distância, ao passado e programar para o futuro, com atividades práticas.

Ensino a criar mandalas que agregam e potencializam a energia do Reiki, captada nelas.

Falamos de relacionamentos interpessoais e como esta energia age e se manifesta para o bem de todos.

Como pedir?
- Falamos de como o Reiki interfere e ameniza as dores físicas, emocionais e mentais
- Falamos de traumas e bloqueios, medos e inseguranças e como trabalhar com isso através do Reiki.
- Falamos de alimentação, hábitos, vícios.
- Aprendemos a equilibrar os centros energéticos (chacras)
- Aprendemos as várias posições que servem de orientação numa terapia.
- O que é e como sentir o Biosen.
- Como iniciar e terminar uma aplicação completa.
- Reiki nos animais, crianças, plantas, hortas e jardins .
- Como se conectar com a energia e o porquê.
- Como limpar os ambientes, casa, escritório, fábrica, carro etc.

Estes são basicamente os assuntos tratados no primeiro nível.

Um curso de Reiki é só o início da caminhada. O verdadeiro aprendizado é feito diariamente.

Para isso existe o acompanhamento direto através dos grupos, eventos, encontros, workshops, aprofundamentos e reciclagens.

Choramos, rimos, divertimo-nos, descontraímos e criamos grandes amizades.

Isso é o mais belo de tudo!!!

PROPÓSITO DAS FORMAÇÕES

O que pretendo transmitir em qualquer formação que levo a cabo é proporcionar conhecimentos práticos do potencial que através do Reiki, os símbolos e princípios podem trazer. Pretende-se não complicar o que é natural e simples, mostrando como essas forças podem e devem ser usadas com vista a alcançar uma dinâmica mais leve e alegre da vida. São mostradas ferramentas que cada um pode usar com prazer e confiança, sabendo que através da sua vontade e desejo de ser um pouco melhor a cada dia, o Reiki fará sentido e poderá ser um grande aliado. Amar-se e respeitar-se mais, sabendo que tudo faz parte: defeitos e virtudes, assim como conseguir amar e entender o outro, sabendo que somos espelhos e anjos uns dos outros.

E, o mais importante de tudo isto, é que sou a primeira a aprender e a relembrar que posso e tenho a possibilidade de ser uma pessoa melhor, tenho capacidade de me tornar mais consciente da divindade que é em mim e em cada um de nós.

Cada formação que faço, é, em primeiro lugar, para mim que a faço. Sou grata a todos os que vêm caminhar comigo, pois através das suas experiências e vivências aprendo mais do que possam imaginar. Aprendo muito mais do que ensino.

SEGUNDO, TERCEIRO E QUARTO NÍVEIS

Alguns dos assuntos abordados no primeiro nível são aprofundados no segundo e mais ainda no terceiro e no quarto. Em cada nível os temas são mais apaixonantes e cativantes. A forma como vemos a vida passa a ter outro sentido e vamos aprendendo que ela pode ser mais leve e fluída quando entendemos esse fluxo, quando nos aceitamos, entendemos e amamos.

Quando me respeito, consigo entender, aceitar e amar o outro. Recebo as ferramentas com as quais posso desenvolver a prática que me auxilia a cortar os véus da minha ilusão, reconhecendo quem sou. Apendo a fluir através da vida com mais leveza, maior gratidão e consciência.

As forças, símbolos ou chaves dos níveis seguintes, são cada vez mais profundos e subtis. É um caminho que se aprofunda a cada nível e que não tem fim. Cada reciclagem que facilito ou que recebo da minha mestre e professora, permite aprimorar-me e descobrir o quanto tenho a aprender. Aqui acenta que nem uma luva a afirmação: "Só sei que nada sei".

Preparo cada formação com muita entrega. **Com efeito, pretendo fazer dela não só uma formação de Reiki, mas uma "formação de vida através do Reiki".**

E nem poderia ser de outra forma, uma vez que não consigo dissociar esta energia da vida que nos acontece minuto a minuto. Trata-se de um aprendizado para quem quer viver de forma mais alegre e saudável, de forma contagiante e apaixonante, sempre através da energia que abre portas a infinitas possibilidades e potencialidades.

REIKI NÃO É O ÚNICO CAMINHO

Hoje em dia existe uma imensa variedade de oportunidades para nos podermos desenvolver. Eu mesma faço outras formações noutros caminhos com outros mentores e professores. Incluindo no aprendizado do Reiki. A busca é infinita e o leque é gigante. Reiki não é o único caminho.

A diferença é que, conhecendo esta energia subtil e profunda, não consigo deixar de a fazer presente em todos esses diferentes caminhos.

É uma energia que impregna, reforça e nos dá a capacidade de entender todo e qualquer outro processo de autoconhecimento que se queira fazer. Por isso, falo de experiência quando a uso para me concentrar, reter a matéria, alicercar os conhecimentos e abrir espaço mental para ancorar novas ideias, libertar certezas e deixar o novo vir, aumentando a calma e a serenidade.

Através do Reiki, consigo tirar proveito da vida de forma mais responsável e consciente.

SÍMBOLOS OU CHAVES

A palavra símbolo significa "aquele que une, que agrega, que traz valor".

Falar de símbolos, chaves ou forças de Reiki, é sempre apaixonante. O que são? Como surgiram? Como agem em nós? De que forma fazem sentido para mim?

Estas são algumas das perguntas que tenho vindo a fazer e que me têm acompanhado ao longo destes últimos 10 anos de intenso trabalho com o Reiki.

Os símbolos são forças criadoras e transformadoras. Convém que vos fale um pouco das várias formas que a energia Reiki pode assumir, para que possamos caminhar juntos na próxima jornada, através do raciocínio de pensamento.

Amor

Existem inúmeras facetas de manifestação do Amor. Na verdade, apenas conhecemos pequenos vislumbres dele. Um amor inimaginável e incondicional.

Posso entender melhor essa infinitude de Amor se estabelecer um paralelismo com a Luz e as infinitas cores que dela derivam. A Luz contempla todas as cores. Alguma vez poderemos contar quantas são as cores que derivam da luz? Apesar de conhecermos ou visualizarmos sete como predominantes, na realidade elas são infinitas. Todas as cores são individuais na sua beleza, todas derivam da luz e todas são luz. Todas têm o poder da luz em si, todas são a luz. A luz não seria luz, sem uma dessas infinitas possibilidades de expressão de si.

Outro exemplo é o Som. Não será o silêncio a presença magnânima de todas as infinitas possibilidades de Som? Existe algum limite para a expressão do Universo? Podemos contabilizar a quantidade de sons possíveis? Cada vibração, cada som, traz consigo a força inimaginável do silêncio.

E o amor? Não será ele também a presença infinita de sentimentos e forças criadoras?

Amor é tudo o que existe nas suas múltiplas e infinitas formas de expressão. O Amor não tem princípio nem fim, é infinito num movimento de constante expansão e expressão.

Se tudo é amor, podemos ver a energia como o veículo através do qual os pensamentos, sentimentos e intenções, sons e cores se manifestam.

Todos já experienciámos como essas forças agem nos nossos corpos físico, mental e emocional. Quando escutamos uma música ou assistimos à atuação de um artista que gostamos muito, a emoção toma conta do nosso corpo, temos arrepios, lágrimas podem percorrer-nos o rosto num turbilhão de emoções a brotarem. O som tem o poder de nos irritar ou acalmar, uma música ou um som específico pode deixar-nos tristes, melancólicos ou animados. Isto é vibração. Tal como se passa com as cores. Que cores é que uso quando estou animada? Preto, cinza ou castanho escuro? Não que eu não goste destas cores, mas regra geral quando me sinto animada, tendo a vestir algo mais claro, cores mais vibrantes, ou seja, as cores podem contribuir para alterar o meu estado de espírito. Se estou deprimida posso vestir algo mais claro ou mais vibrante e, naturalmente, irei sentir-me invadida por algo que me ajuda a alterar esse estado.

REIKI PRECISA DE SÍMBOLOS?

Reiki é uma das infinitas energias existentes na complexa cadeia eletromagnética do Universo.

É uma vibração presente em todos os seres vivos e em todos os elementos da natureza: minerais, gases, líquidos e sólidos. Faz parte de tudo o que existe. Age de forma plena por si só. Se assim é, porque é que existem os símbolos? Eles serão mesmo necessários? Sou iniciada no Reiki, mas não recebi nem conheço nenhum símbolo. Posso usufruir aplicar e enviar Reiki?

Os símbolos existem como resultado da aglomeração das partículas com a mesma informação. Assim sendo, a força dessa intenção torna-se muito superior, podendo enraizar-se em cada situação de forma mais forte, trazendo, consequentemente, um resultado mais rápido, profundo e duradouro. Todo o iniciado no Reiki que não tenha ainda recebido nenhum símbolo, pode usufruir muito do Reiki, pois esta energia é plena por si e está ao dispor de todos.

Através da minha intenção, posso auto aplicar Reiki em mim ou noutra pessoa. Não conseguirei enviá-lo à distância, mas presencialmente sim. E não é porque não aprenderam nenhum símbolo, que o Reiki que praticam é mais fraco ou menos forte. Lembrem-se que todos somos canais cocriadores. Posso ter algumas chaves ou símbolos e não os conhecer devidamente. Eu não sou um canal passivo como já aqui foi dito, eu sou um canal ativo através do qual (e pela minha intenção entrega e amor) permito que esta energia se manifeste através das minhas mãos dos meus olhos e do meu sopro. Mais uma vez lembro que a presença dos 5 princípios, faz toda a diferença. Então, confia na tua aplicação como canal. Confia no processo. E agradece. Agradece sempre profundamente por seres quem és!

ONDE SE SITUA O REIKI?

Se tudo o que existe é amor, o Reiki não poderá estar fora da expressão do amor.

Entremos sem demoras no mundo dos símbolos, das suas forças, ações, derivações origens, movimentos.

Aquilo a que se chama "símbolos ou chaves" são quase sempre colocados em caixinhas limitantes. Os símbolos são expressões desse amor que flui através da vibração do Reiki. Cada símbolo contém em si as sementes da verdade absoluta.

São chamadas de chaves pois têm caraterísticas e ações concretas como as chaves que abrem determinadas portas. Mas que portas são essas?

Se vivemos num universo onde tudo é energia (energia com diferentes vibrações que carregam uma determinada informação) e sendo Reiki energia, não serão também os símbolos energia?

Claro que sim. E essa energia pressupõe movimento, a não ser que esteja aprisionada o que também é possível mas não no caso do Reiki. Se energia é movimento, ela movimentar-se-á de forma tridimensional, linear ou em espiral. Não importa o sentido em que se manifestam, nem o seu movimento.

Assim, não consigo imaginar nenhum símbolo (à exceção dos kanjis) que não seja variável e multidimensional. Ativo e em pleno movimento.

Os símbolos são forças que podem não agir simplesmente na forma de uma imagem plana fixa como um adesivo, mas agem sobretudo profunda e plenamente, interagindo com todo o movimento do universo. E desta forma, alteram o campo onde se manifestam.

Se os encaramos como chaves, eles precisam de ser fiéis pois uma chave só abre determinada porta se for idêntica à ranhura da fechadura. A menos que seja uma chave mestra. Dos 43 símbolos com que trabalho (e que são apresentados nos quatro níveis de Reiki) existem dois que são considerados "símbolos mestres", ou seja, forças que "abrem" todas as portas. Por esta razão, podemos usá-los em qualquer situação.

Impõe-se a pergunta:
- O que são e como se formam os símbolos do Reiki? De onde surgem?

O Reiki é uma das muitas forças presentes no Universo que agrega facetas de equilíbrio e harmonia. Trata-se de uma das energias mais subtis através da qual o Amor de manifesta.

Nada existe fora do Universo, tudo está nele.

É isto que explica o que acontece sempre que pensamos em alguém e esse "alguém" se faz presente. Ou quando temos uma ideia e outros a captam mesmo estando do outro lado do planeta. E o que dizer do que uma mãe sente em relação ao filho, que apesar de estar a centenas ou milhares de quilómetros de distância, ela tem a certeza se ele está bem ou não.

Como se comunicam as baleias que estão a tão grande distância de quilómetros umas das outras?

Sempre que se mantra o som ou nome de um símbolo, enviamos essa vibração para todo o Universo. Essa vibração, agrega todas as partículas que carregam a mesma caraterística, como uma egrégora. Forma-se então um aglomerado de energia que carrega a mesma informação. De seguida, cabe a cada um de nós cocriar e participar neste processo. É por esta razão que é tão importante conhecer o formato ou as linhas e o movimento dos símbolos. Ao visualizar a concentração da mesma energia, estamos no mesmo comprimento de onda da dança que se capta num bando de aves ou um cardume de peixes que em harmonia, formam imagens impressionantes de unidade e equilíbrio. Quando trabalho com Reiki, numa sessão ou no envio à distância, por vezes dou conta que as minhas mãos estão em movimento, desenhando círculos, espirais. Também é comum sentir o meu corpo balançar, como que a acompanhar o movimento dos símbolos.

Neste momento sei que faço parte do processo. Estou una com o Reiki. Sou parte integrante e corresponsável pela transformação que está a acontecer ali.

É por isto que preciso conhecer bem os símbolos, e como eles se movimentam. Para que através da minha intenção, eu possa trazer a força que esta egrégora transporta para o campo que eu pretendo usar.

É a minha ***intenção*** *que promove o deslocamento dessa força para mim.* **Eu não sou um canal passivo, inerte, que está separado do movimento do Reiki. *Eu sou parte do processo.*** *Através da minha intenção, desapego, confiança e amor* ao que está a acontecer, tenho consciência de que sou cocriadora através, com e pelo Reiki, com respeito e responsabilidade.

No início é normal não conseguir fazer todo o processo da forma mais correta. Neste caso, o poder da intenção consegue trazer a "correção" necessária. Ou seja, caso ainda não conheça muito bem todos os traços ou movimento correto dos símbolos que pretendo usar, isso é corrigido, através da minha intenção.

Sendo o Reiki uma energia de elevada vibração onde o mais belo reverbera, é impossível que a sua presença não altere o ambiente onde se encontra.

Uso essa vibração na proteção, limpeza e transformação de energias mais densas da minha casa, escritório, empresa, consultório, sala de aula, ou sala de trabalho, transporte ou restaurante, salão de cabeleireiro ou clínica.

Como se explica que plantas morram sempre em determinados ambientes, apesar de aí haver sol, sombra ou até o vaso ideal? Como se explica plantas que murcham ou morrem quando certas pessoas entram na nossa casa?

Como se explica que animais de estimação fiquem agitados ou calmos na presença de determinadas pessoas? O que é isso a não ser energia?

São vibrações diferentes. Umas mais densas e pesadas, outras mais subtis e leves.

RESUMINDO

Os símbolos são aglomerados de informação com determinadas caraterísticas que sempre que são invocados ou agregados (através do seu nome – mantra - desenho e cor) criam uma egrégora que, quando manifestada altera o campo onde se encontra, transformando, limpando, equilibrando, clareando e elevando a frequência da energia daquele ambiente, corpo, espaço, floresta, trauma ou mágoa. Não altera o acontecimento, mas a percepção que se teve em relação a ele. Por esta razão, qualquer profissão, situação, relacionamento, estado físico ou acontecimento pode ser entendido, compreendido, cuidado e transformado através da presença do Reiki.

Como coadjuvante de profissionais na área da: saúde, ensino, direito, engenharia, informática, turismo, gastronomia, transporte, artes etc. Como coadjuvante na harmonia de um lar, escola, prisão, hospital, empresa ou outro.

São infinitas as situações e lugares onde se pode fazer uso trazendo benefício a todos os envolvidos naquele ambiente.

Compreende-se assim a importância de se conhecer bem os nomes (mantras) movimentos ou desenhos (yantras) e cores predominantes de cada símbolo. Eles são um verdadeiro presente que o universo na sua perfeição nos deu.

Por vezes, é apenas isso o que falta para se poder usufruir plenamente de tudo o que está ao nosso dispor e assim manifestar em nós (ou a quem está a ser enviado) os benefícios incríveis que esta energia oferece. Não se consegue agregar energia de forma correta e concentrada, se não conhecermos muito bem o que estamos a cocriar. Por exemplo, se visualizarmos e desenharmos os símbolos de qualquer forma, qual é a informação que estamos a concentrar? O universo não adivinha o que desejas ou pretendes. O que desejas trazer, tem de ser o que no teu íntimo o teu coração pede. Não se pode desejar alívio da ansiedade se a mente estiver constantemente focada na preocupação.

Os símbolos do Reiki são experiências incríveis que nos envolvem quando o permitimos, com as infinitas formas de Amor.

PROTOCOLO E REGRAS A SEGUIR

Considero as posições de aplicação do Reiki nas diferentes partes do corpo que nos foram ensinadas pelos nossos mestres/professores, de suma importância, sobretudo no início desta viagem, quando a insegurança é grande. Desta forma não nos sentimos tão perdidos na aplicação do Reiki. Quer o façamos aos outros ou a nós. Eu ensino isto nas formações que facilito nos vários níveis, e recomendo a sua prática até que o Reiki comece a fazer parte integrante da vida de cada um. Vou deixando que a minha intuição, o canal através do qual o amor flui plenamente, assuma o controlo. Deixo aos poucos o meu ego e as regras. Simplesmente confio e entrego-me como canal ao serviço de algo maior que eu. A confiança surge com a prática. Não podemos querer fazer tudo na perfeição pois nunca chegaremos à perfeição. Apenas a prática fará de nós a cada dia, melhores pessoas. A coragem de fazer, apesar do medo, faz uma grande diferença. Escuta e segue os sussurros da tua alma.

É quando começo a permitir e a deixar que se manifeste o que é necessário, que os milagres acontecem. E eles acontecem sempre que eu permitir. Isto é a incrível magia do Reiki.

"A arte secreta de convidar a felicidade".

PORQUE É QUE A CURA NÃO ACONTECE

Porque é que o Reiki não resolve tudo?

porque existe em todos nós algo chamado ego, orgulho, medo, desconfiança que não permitem que as mudanças aconteçam.

Há 100 anos Mikao Usui disse:
"O Reiki conquistará o mundo para curar os seus habitantes e até o próprio planeta"

Eu diria que lhe faltou acrescentar:

"....se nós o permitíssemos, se confiássemos mais, aprendêssemos mais, respeitássemos mais, nos dedicássemos de forma honesta e constante e agradecêssemos mais."

É só isto o que falta. E é muito. Ou talvez não!

Nesta fase também interfere o processo e vontade de cada um.

Queremos estar bem de saúde, mas lá no fundo será que queremos mesmo? Será que aquela situação "menos boa" de certa forma não nos traz um pouco de atenção dos outros? Quando através do meu problema eu me sinto superior, mais acarinhada, mimada, cuidada. A doença é minha, e é pior que a do outro, o meu problema é muito mais grave que o teu...então eu no fundo sinto-me mais importante que o outro através da minha vitimização. Consigo captar a atenção que preciso. Se eu ficar bem não terei mais essa atenção, nem esse cuidado.

Através do Reiki, o caminho é individual, é secreto. É aqui, hoje, agora e comigo que começa. Cuidar de nós primeiro, da nossa autoaplicação diária quantas vezes forem necessárias. E desta forma transbordamos para o exterior. Reforçar a confiança e amor-próprio para que possamos transbordar quando estamos plenos. Afinal de contas, como é que podemos dar o que não temos?

Tudo o que o Reiki cuida,
cura e liberta fica curado

A força ou energia através da qual o Reiki se manifesta é profunda, subtil, transformadora e permanente. O que acontece após um processo de cura com Reiki é da responsabilidade de cada um: podemos recriar novamente o mesmo trauma ou um equivalente, podemos até criar outro, é uma decisão inteiramente individual. A decisão de assumir a cura e viver de forma plena, alegre e feliz assumindo essa responsabilidade com alegria, também é individual. Por essa razão, na maioria das vezes é necessário fazer mais do que uma sessão pois a transformação deve acontecer em todos os campos e é necessário tempo. Da mesma forma, envolver todos os seres vivos que direta ou indiretamente estão relacionados com o processo é de extrema importância.

A MINHA MENSAGEM PARA SI

A nossa reponsabilidade como iniciados no Reiki é grande (não se trata de peso, pelo contrário). A grandeza é de alegria, confiança e desejo de contribuir com o que de melhor se tem no processo individual sabendo que estamos intimamente ligados por infinitos cordões energéticos. Essa responsabilidade, relembra-nos que somos muito mais do que dizem que somos.

Aprendermos a ver nos outros
o que queremos ver em nós

O que nos traz maior responsabilidade ao ser iniciados no Reiki é o facto de termos ferramentas com as quais podemos trabalhar a nossa jornada de forma a que valha a pena pois a vida vale a pena sim. Com todos os desafios!

Sou cocriadora com o Reiki,
sou um canal ativo e dinâmico
que participa do processo

Envolvo-me na egrégora de cada símbolo, e como tal estou imbuída da sua força. Quanto mais pratico e envio, mais recebo. É um "ganha-ganha" constante.

É desta forma que sinto o Reiki.

Sou uma eterna "esponja". Trabalho diariamente no sentido acreditar que somos parte de uma unidade. Não estamos separados. O que eu faço, influencia todo o Universo e vice-versa.

Como é que eu contribuo deixando a minha marca nesse todo? De que forma deixo o meu exemplo?

Desejo que a força do Criador manifestada através do Reiki, nos permita aceder à leveza que a alma procura.

Um abraço de Infinita Paz Interior.

Clarisse Ferreira

Testemunhos e vivências

Há uns anos, pensei fazer um curso de Reiki. Fi-lo, mas não me inspirou o suficiente para praticar em mim. A forma de praticar os 21 dias era muito exigente e desgastante. Acabei por desistir. Passaram-se 15 anos sobre este episódio e eu mantinha a minha "resistência" em relação ao Reiki. Era um não.

A Clarisse, minha amiga há mais de 30 anos, falava-me na possibilidade de eu repetir o curso mas dizia-lhe sempre que não me identificava com o Reiki, que não valia a pena estar a pensar nisso outra vez.

Até que chegou um dia, em que passei por uma situação difícil relacionada com a saúde do meu filho. A Clarisse ia fazer uma formação em Leiria e disse-me: "acho que está na hora de fazeres o curso, vais aprender tanto para ajudares o Gonçalo no processo de recuperação, vais ter muitos símbolos para poderes trabalhar". Mesmo assim, disse-lhe que não estava certa de querer ir.

No sábado em que tinha início o curso, ao acordar "pedi orientação" se deveria ir ou não. E fui. Com a condição de não voltar no segundo dia, caso o que estivesse a aprender não me fizesse sentido.

Aconteceu algo maravilhoso: Amei. Comecei a colocar em prática o que aprendi, ajudando o meu filho não só na recuperação da cirurgia da tiroide, como em muitas outras situações.

Hoje tenho o terceiro nível, e o Reiki faz parte da minha vida!

Pratico em mim, na minha família, em casa e profissionalmente. É, sem dúvida uma grande ajuda.

Faço muita doação de Reiki e com isso sinto uma alegria enorme no meu coração.

Sou grata por não ter desistido de mim.

Rosário Ferreirinho

Conheci a Clarisse há 32 anos no setor comercial onde fizemos um percurso juntas até à sua partida para o Brasil.

Há 23 anos decidi aprofundar o meu conhecimento na área das medicinas complementares e tornei-me terapeuta profissional, mantendo sempre o meu cargo como coordenadora e mais tarde como diretora no sector comercial.

Ao longo de vários anos fui convidada para me iniciar no Reiki, mas isso nunca me cativou o suficiente para dar o passo. Foi só quando a Clarisse me contou que estava a facilitar formação nesta área e que se tinha tornado terapeuta de Reiki que senti que chegara o momento de fazer o primeiro nível. Iniciei-me no Reiki em maio de 2018. Como terapeuta já trabalhava com técnicas energéticas muito poderosas, no entanto, desde então despertei para uma nova consciência sabendo possuir ferramentas muito valiosas para a minha prática clínica. A grande certeza surgiu quando uns meses depois da formação, passei por uma grave situação de saúde e recorri à Clarisse pedindo-lhe ajuda. Marcávamos o horário em que ela faria o tratamento à distância, e durante o qual estávamos as duas conectadas e ela trabalhava em mim. A sensação da sua presença ao meu lado era muito real e a recuperação foi rápida. Decidi então fazer o segundo nível de Reiki, reciclar e fazer o terceiro nível. Hoje, o Reiki faz parte do meu dia-a-dia. Não só na minha vida pessoal, mas também na minha prática clínica, melhorando e aumentando os resultados na saúde e qualidade de vida de todos os que me procuram.

A Clarisse é uma grande mestre, um grande ser de luz. O Reiki é sem dúvida o seu caminho, e vai com certeza marcar a diferença na vida de todos os seres que com ela se cruzarem.

Olga Figueiredo

Pensar na amizade da minha mãe com a Clarisse reenvia-me à minha infância, quando com os filhos dela passámos muitos dias juntos. Mesmo depois da Clarisse se ter mudado para o Brasil, a sua relação de amizade com a minha mãe não só se manteve, como continuou a desenvolver-se, ao longo da jornada que ambas têm vindo a percorrer no âmbito da Medicina Holística.
Sinto-me imensamente grato pelo apoio energético e espiritual que dela tenho recebido ao longo dos anos. A Clarisse, tal como o significado por detrás do seu nome, é um ser de muita luz.

Ricardo Dias

Com a Clarisse fiz a formação em Reiki até ao 3º nível. Todos os dias e em qualquer lugar eu aplico Reiki. Principalmente nos idosos, área à qual me dedico profissionalmente. Os idosos não necessitam apenas de cuidados básicos. Precisam de amor. As famílias cada vez mais os "descartam", e é muito gratificante ver a mudança que neles se opera quando recebem Reiki. O seu sorriso e a serenidade que neles captamos faz valer tudo a pena.
Sou grata à minha mestre Clarisse. Partilho um Mantra que todos os dias utilizo: "Que haja Amor, compaixão e luz em todos os seres do Universo."

Fernanda Cardoso

O Reiki tem feito milagres na minha vida. Quando fui acometida por uma doença grave (ainda me encontro em tratamento) fiz o curso de Reiki Caminho do Arco-Íris com a Clarisse. Isto aconteceu em outubro de 2017 e, desde então, procuro fazer a autoaplicação nas mais diversas situações do dia-a-dia. Além de enviar Reiki para outras pessoas que necessitam, uso o "anzol" com fio dourado para encontrar coisas perdidas: através do Reiki consigo lugar para estacionar num local de

difícil estacionamento por exemplo.
O Reiki tem-me proporcionado aprendizados ímpares e vivências maravilhosas.
Gratidão por tudo o que tenho recebido

Ivanilde Muxfeldt

O Reiki foi, e continua a ser, um presente na minha vida. Houve uma real mudança na saúde e na família, em casa e na profissão.
Com ele tenho restabelecido em perfeita sintonia além de ser óbvio um maior equilíbrio emocional diante das adversidades.
Este é um método natural de harmonização de equilíbrio energético, que tem tido por objetivo manter e recuperar a saúde. O Reiki atua na totalidade do ser.
No corpo físico, emocional, mental e espiritual.
Parabenizo-te Clarisse, por toda a experiência que tens partilhado conosco.
És uma pessoa com um dom especial, pois sem o teu conhecimento e dedicação, não terias chegado onde estás.

Alexandra Jacinto

Quando a Clarisse me falou no Reiki Caminho do Arco-Íris, embora já tivesse sido iniciada, identifiquei-me de imediato com esse sistema. Lancei-lhe o desafio de vir a Portugal fazer um primeiro nível e ela aceitou. Neste momento, eu e a minha filha, já temos o terceiro nível e várias reciclagens (o meu marido tem o segundo nível). Partilhamos esta experiência com vários amigos e todos ficam rendidos a esta nova descoberta. O Reiki tem-nos ajudado a olhar a vida de uma perspetiva mais harmoniosa e com um sentimento profundo de gratidão e amor por tudo o que nos rodeia. Temos um longo caminho ainda a percorrer, mas sentimos que tudo o que acontece ao nosso redor tem um propósito. Muito grata Mestre Clarisse por seres quem és, e por partilhares este conhecimento adormecido ainda para alguns, e que precisa ser despertado para o Amor e a Gratidão reinarem no nosso planeta.

Paula David

A minha vida mudou muito desde que me iniciei no Reiki. Trabalho com crianças e é incrível a ação do Reiki quando elas estão mais agitadas, ou agressivas umas com as outras. Recorro também ao Reiki aplicando-o nos animais de estimação. O Reiki ajudou-me a ser mais confiante e segura. É um aconchego, um amor que sinto sempre que o aplico. Sou grata à Clariasse por me ter apresentado ao Reiki e tê-lo trazido à minha vida e das minhas duas filhas.

Declina Bizarro

Eu já era Reikiana de terceiro nível do Sistema Usui Tradicional quando conheci a Clarisse. Estava muito curiosa com o sistema Caminho do Arco-Íris. Depois da iniciação neste sistema, o sentir da energia foi potencializado enormemente, o Reiki é transformador! Durante o curso de segundo nível do Caminho do Arco-Íris, ainda antes da iniciação, tive uma cura tão profunda, de um tamanho perdão, que eu me imaginava incapaz de dar – e o entendimento veio tão leve e claro, assim como o Reiki que nos é mostrado através do Caminho do Arco-Íris e me libertou de anos de dor.

Cláudia

Com a formação Reiki Caminho do Arco-Íris tive a certeza de que estava no lugar certo, na hora certa para receber permissão de me tornar um instrumento divino, experimentei uma conexão poderosa tão poderosa e ao mesmo tempo tão singela na humildade de fazer o bem e sinto que é no silêncio da minha alma que estou em comunhão com Deus para continuar a minha missão de evoluir para ser uma pessoa melhor, mais verdadeira, mais amorosa, mais humilde na minha grandeza e ajudar a construir um mundo melhor. Hoje, a minha vida faz mais sentido, por estar nesse Caminho de Reiki. Neste sistema onde encontrei o meu pote de ouro, a minha virtude de cura.

Edilaine

O Reiki chegou à minha vida, reforçando práticas que eu já tinha, como a transmissão de energia pelas mãos e as mentalizações de cura. Mas agregou muitas outras coisas, como a consciência sobre a intenção, o conhecimento sobre os comandos e sobretudo, a força dessa egrégora de luz que é formada a partir dos cursos/treinamentos conduzidos pela Clarisse. É nessa egrégora que o aprendizado se fortalece, cresce e se transforma constantemente em bênçãos a todos os que dela participam.

Maria do Carmo Bado

No Reiki encontrei renovação, clareza, equilíbrio, paz...a prática é indispensável para que a nossa renovação energética consiga ter a sintonia necessária e assim, ajudar os outros com mais clareza e sendo sempre um veículo da energia e ensinamentos desta prática centenária.

Sílvia Poledna

Quando fiz a formação com a Clarisse, fiquei muito surpreendida com o impacto que senti quer na energia quer nos benefícios do Reiki na minha vida.
Apesar de não ser uma grande praticante, confesso que quando alguma situação mais complicada surge, aplico o Reiki e tudo flui.
Aconteceu há uns tempos com uma situação em que um negócio não desenvolvia e, aplicando o Reiki, rapidamente tudo se resolveu.
Noutras situações relacionadas com a saúde, o Reiki foi de um grande auxílio no tratamento.
Recomendo a todos sentirem a vibração e energia do Reiki Caminho do Arco-Íris.

Manuela Góis

Desde o momento em que conheci o Reiki, sinto que muitas coisas mudaram na minha vida. É como se eu me tivesse reconectado com o universo. Sinto o Reiki em mim todos os dias, mesmo que às vezes não faça a autoaplicação como deveria. Estive um pouco displicente, estava muito envolvida no trabalho, mas à noite, antes de dormir ficava a escutar músicas associadas ao Reiki e imaginava os símbolos.
Na nossa empresa fiz uma mandala como me foi ensinado e todos os trabalhos que fazemos são um sucesso. O meu coração sente que preciso do Reiki. Quanto mais leio mais me apaixono por esta energia.

Dody

O Reiki surgiu na minha vida sem eu o procurar. A Transformação teve início com o 1º Nível. Quanto mais pratico no meu dia-a-dia mais me sinto equilibrada, permito e confio tornar-me um Ser cada vez melhor.
Nada acontece de um dia para o outro, e foi preciso muito estudo para entender as mudanças que eu estaria disposta a enfrentar. O Reiki ofereceu-me coragem, determinação e uma Gratidão imensa em poder ajudar-me e aos que convivem comigo. Sou muito grata à

Clarisse por estar no meu caminho, orientando-me constantemente. A minha vida mudou tal como a dos meus filhos e esposo. Quanto mais eu uso o Reiki mais vejo situações em que o posso usar. O Reiki Transforma! Não tenha pressa, o tempo é único para cada um. Gratidão minha mestre!

Lúcia Gomes Borsato

O Reiki proporcionou-me um novo olhar em relação a tudo e a todos, tal como um maior desenvolvimento do meu equilíbrio interno e ainda o entendimento que a espiritualidade é individual. O maior aprendizado é sem dúvida este: "quanto mais doo, mais recebo, sou canal de uma força maior, onde estou unida a tudo e a todos". Sou grata por fazer parte do caminho da minha mestra Clarisse.

Lidiane Scaliente

Sempre tive contato com a espiritualidade, mas só desenvolvi uma conexão genuína através do meu despertar na minha iniciação no primeiro nível do Reiki Caminho do Arco-Íris em que tive como presente do universo encontrar a minha amada mestre Clarisse. "Concluí os níveis dois e três e, desde o começo aplico o Reiki em todas as situações da minha vida. A filosofia Reikiana é para mim, a forma mais incrível de sentirmos o amor-próprio. Gratidão!

Graziela Hoef

Agradeço à minha mestre Clarisse por todos os ensinamentos teóricos e práticos que mudaram a minha percepção sobre aspetos da energia no nosso universo no meu processo de "despertar".

O Reiki Caminho do Arco-Íris é especial por unir vários sistemas, técnicas e métodos de Reiki, o que faz o aluno ter uma percepção ilimitada e poderosa do Reiki.
O conhecimento da Clarisse é extraordinariamente transmitido nos cursos, abrangendo todos os símbolos, origens e aplicações das técnicas de Reiki que compõem o Sistema Reiki Caminho do Arco-Íris. Se levarmos o Reiki para as nossas vidas, para o nosso dia-a-dia, como defende a Clarisse, permanecemos neste estado expandido de consciência, usando a nossa intenção e energia em todos os aspetos das nossas vidas, desapegando-nos do físico para adentrarmos o subtil, onde tudo está conectado, onde somos um só, onde o Campo Vital também é Campo Universal, algo integrado e único.

Rafael

Mesmo sem ter ainda a disciplina diária, da autoaplicação, tenho vindo a constatar a grandiosidade e a força do Reiki. Sinto no meu coração, no meu centro e na minha essência divina, a egrégora das mais altas frequências do Amor Incondicional.
Quanta expansão!
Viver e vibrar nas mais altas frequências é cumprir a nossa Missão de Alma, é sentir conforto, paz e alegria no coração. É trilhar o caminho com mais facilidade, alegria e glória. É ser mais feliz, saudável e próspero. Esta viagem que o Reiki me proporciona é surreal e choro muitas vezes de felicidade. O Reiki expandiu mais ainda a minha consciência, auxiliando-me a assimilar e a compreender a dimensão espiritual de tudo isto. Incentivo os meus pares, que também buscam o Reiki, para que permitam às sementes florescerem na centelha divina de cada um, e juntos possamos fortalecer a egrégora, acionando e emanando as mais altas frequências do Amor Incondicional. E que possamos "Ter e Ser" a Gratidão Infinita, a cada dia. Este movimento é lindo, pleno e expansivo!

Sirlei Rocha

Conheci o Reiki em 2009 com um terapeuta muito querido na época, com quem fiz os níveis I e II. Anos mais tarde procurei um novo mestre pois queria continuar os estudos sobre o Reiki, e foi assim que conheci a Clarisse, através da minha irmã que tinha feito com ela o Reiki nível I. Naquela época fiquei curiosa, era um método diferente do Reiki Tradicional, pois eram cinco sistemas unificados que se chamava Reiki Caminho do Arco Íris, de entre eles estavam integrados o Sistema Usui de Cura Natural e Tibetano, o Karuna Reiki, Reiki da Nossa Terra (Tera Mai Reiki) Seichim-Sekhem(A Cura Egípcia) e Reiki Caminho do Arco-Íris. Em fevereiro de 2018 fiz o nível I, em janeiro de 2019 o nível II, e em março de 2019 o nível III, aguardando agora ansiosamente pelo mestrado. Quando conheci este Sistema Unificado fiquei muito feliz, pois percebi que a integração é muito completa e eficiente. Quando eu me autoaplico sinto essa energia unificada. Sinto-me gigante. A união dos símbolos fica muito mais forte e quando aplicado nos meus interagentes sinto imediatamente a força deste Sistema Unificado. O Reiki é um método de cura pelas mãos, mãos de luz, é um amor que não se mede.

Lisiane Aquino

Hoje em dia, com o nível de consciência que temos, questionamos e queremos que as coisas façam sentido, que sejam claras e autênticas, que tenham essência e não sejam "sopa instantânea". Para mim que tenho um "olhar" racional e lógico, fez todo o sentido a forma como entendi o Reiki, ensinado pela Clarisse. Encontrou eco na minha vivência da espiritualidade, na forma como vejo que a energia dança, em cada aspeto da Vida. Sustenta o meu crescimento pessoal e o meu equilíbrio físico e emocional.

Aprender como usar esta energia, é uma base que dá apoio à vida, que me faz sentir que posso ajudar e servir, seja a família, os amigos e até o Planeta.

Quantas vezes, perante situações difíceis, tanto nossas como de quem conhecemos, nos sentimos impotentes? Quando isso me acontece,

agora com o Reiki, sinto que há sempre algo, por pouco que possa parecer, que eu posso fazer, sendo canal de Luz e Amor, estando ao serviço e proporcionando sustentação.
O Reiki, da forma como o entendi, ensinado desta forma, é um companheiro para toda a vida, para todos os momentos.

Belita

O Reiki surgiu na minha vida como uma limpeza absoluta de todo o meu ser, um "up" no meu campo vibracional, e depois de um ano a tentar engravidar, depois de fazer o primeiro nível, não passaram duas semanas para conseguir finalmente concretizar esse sonho. O meu semblante mudou, as minhas relações sociais e familiares mudaram e passei a ser uma pessoa mais tranquila e positiva. Senti-me aceite pelo mundo finalmente. Ao aprofundar os estudos neste campo, aprendi mais sobre o nosso processo de evolução e da nossa missão.
O Universo conspira através de nós Reikianos, pois passamos a ser instrumentos de canalização e somos estrategicamente colocados em situações em que podemos servir e ajudar alguém com o nosso dom.
Claro que não é preciso ser Reikiano para manter a nossa vibração em alta, mas é indispensável manter presentes a positividade, o amor e a resiliência.

Margarida Faísca

Desde que fiz a formação de Reiki começaram a acontecer coisas boas na minha vida. Pelo facto de o praticar, fico também muito mais tranquila, muito menos stressada. E uma coisa que não fazia antes do Reiki ter chegado à minha vida: Ser Grata pelo que me acontece. GRATIDÃO! Nunca nos podemos esquecer desta palavra. Porque nós só agradecemos as coisas boas, acontece que as coisas que nos acontecem todos os dias ainda são mais importantes. Tudo faz sentido na nossa vida quando nela integramos o Reiki. E as situações acontecem quando têm de acontecer. Se para mim só agora teve lugar a formação, é porque tinha de ser agora. O Reiki ajudou-me imenso er continua a ajudar. Só tenho de te agradecer por tudo Clarisse. Aquela folha "dia símbolos" é do melhor que nos deu.

Vera

Quando me interessei em aprender sobre o Reiki, há 3 anos, não imaginava tamanho amor e acolhimento que senti. O curso ministrado pela querida Mestre Clarisse, é muito mais do que um método. É um mergulhar na energia do universo conectada com a minha energia interna, que por muito tempo eu desconheci existir.
Agora, não só conheço como sinto e vivo esta energia de puro amor. Sinto-me parte do todo!!! O conhecimento e a amorosidade que na Clarisse entrega ao que faz é tão simples e verdadeiro que nos leva a querer estudar cada vez mais mantendo-nos conectados nesta linda egregará de amor e luz que ela coordena com tanta sabedoria.

Carol

Conheci a Clarisse em 2018 através da minha companheira Olga Figueiredo e fiz com ela o primeiro nível de Reiki.
Foi um momento fascinante que me fez sentir algo indescritível. Hoje uso o Reiki no meu dia-a-dia, estendendo-o à minha atividade desportiva o que me faz sentir confiança e bem-estar.
A Clarisse é uma pessoa excecional e muito agradável. Agradeço muito a oportunidade de a conhecer e ter na minha vida.

Alexandre Vieira

"Foi com grande entusiasmo que me inscrevi num curso de Reiki, longe de saber o que aconteceria comigo. Eu queria muito conhecer o Reiki.
Tomei mais consciência da energia que existe em mim e como posso movimentá-la através do Reiki, praticando o bem em prol do próximo ou comigo mesmo.
O que mais me comoveu com a aplicação ou autoaplicação de Reiki, é que hoje isso me faz sentir segura, tanto assim é que o Reiki só pode ser usado para praticar o bem, não produz energia negativa.
Sempre que penso ou peço permissão ao Divino para que a energia Reiki se manifeste em mim, penso no amor, saúde, cura e bem-estar do outro, e sinto uma ligação profunda com o Divino. Sou imensamente grata à mestre Clarisse que me possibilitou este conhecimento. Sei que crescerei ainda mais no Reiki através deste ser humano incrível. Hoje não estou a fazer atendimentos ao público, mas consigo fazer a autoaplicação e também a aplicação à distância, que já me ajudaram bastante.

Ângela

Quando a Clarisse me apresentou o Reiki Caminho do Arco-Íris, fiz o primeiro, segundo e terceiro nível. Que transformação! Senti que me tornei outra pessoa. Agora eu tinha uma ferramenta para me ajudar em todo o caos e ansiedade que eu vivia. E mais uma vez… A Clarisse sempre esteve do meu lado aconselhando-me.
Durante todos esses anos passei por alguns altos e baixos. Vivi conflitos pessoais, afetivos e familiares. Sentia que ninguém me entendia. Afinal de contas, sempre tive o meu lado rebelde e culpava-me por isso.
A Clarisse mudou a minha vida. Foi um catalisador nos meus sonhos.
Tenho a certeza que este livro será capaz de transformar a vida de muitas pessoas também.

Fernanda Piaia